Nègres en images

Collection La bibliothèque d'Africultures

S'appuyant sur la dynamique de la revue mensuelle *Africultures*, la collection La bibliothèque d'Africultures accompagne son travail d'approfondissement des cultures africaines par la publication de textes portant sur des aspects éventuellement méconnus de ces cultures. Elle cherche, hors de toute chapelle, à stimuler la recherche et contribuer à la connaissance et la reconnaissance des expressions culturelles africaines.

Ouvrages parus :

- Ahmed Rahal, *La Communauté noire de Tunis – thérapie initiatique et rite de possession*, 158 p., 2000.

- Nar Sene, *Djibril Diop Mambety – la caméra au bout... du nez*, 134 p., 2001.

Couverture : Auguste Roubille, *Le Rire*, 6 décembre 1902.

Sylvie CHALAYE

Nègres en images

Préface de Blaise Ndjehoya

L'Harmattan
5-7, rue de l'École
Polytechnique
75005 Paris
FRANCE

L'Harmattan
Hongrie
Hargita u. 3
1026 Budapest
HONGRIE

L'Harmattan
Italia
Via Bava, 37
10214 Torino
ITALIE

Du même auteur

L'Afrique noire et son théâtre au tournant du XXe siècle, coll. "Plurial", Presses Universitaires de Rennes, Rennes, 2001.

Dramaturgies africaines d'aujourd'hui, coll. "Regards singuliers", Lansman, Carnières, 2001.

Le Chevalier de Saint-Georges de Mélesville et Roger de Beauvoir, coll. « Autrement mêmes », L'Harmattan, Paris, 2001.

Du Noir au nègre : l'image du Noir au théâtre de Marguerite de Navarre à Jean Genet (1550-1960), coll. « Images plurielles », L'Harmattan, Paris, 1998.

***L'Affaire de la rue de Lourcine* de Labiche**, coll. « Parcours de lecture », Bertrand-Lacoste, Paris, 1994.

***Ubu Roi* de Jarry**, coll. « Parcours de lecture », Bertrand-Lacoste, Paris, 1993.

***La Dispute* de Marivaux**, coll. « Parcours de lecture », Bertrand-Lacoste, Paris, 1992.

Autres travaux coordonnés par Sylvie Chalaye

Afrique noire : écritures contemporaines, *Théâtre/Public*, n° 158, mars-avril 2001.

L'Africanité en questions, *Africultures* n°41, octobre 2001, L'Harmattan, Paris, 128 p.

Acteurs noirs, *Africultures* n° 27, L'Harmattan, Paris, avril 2000, 128 p.

Tirailleurs en images, *Africultures* n° 25, L'Harmattan, Paris, février 2000, 128 p.

La traite : un tabou en Afrique ?, *Africultures* n° 20, L'Harmattan, Paris, septembre 1999, 128 p.

Théâtres en écritures, *Africultures* n° 10, septembre 1998, L'Harmattan, Paris, 96 p.

ISBN : 2-7475-2187-7

A mon petit clown doré

Nous tenons à remercier
Olivier Barlet, Pierre Corbel, Alain Girault,
François Mouret, Albert Nicollet et Yoland Simon
qui ont autorisé la reprise de ces textes.

Remerciements également à
Blaise Ndjehoya pour son soutien.

VILLAGE. Cette cérémonie me fait mal.

ARCHIMBALD. A nous aussi. On nous l'a dit, nous sommes de grands enfants. Mais alors, quel domaine nous reste ! Le Théâtre ! Nous jouerons à nous y réfléchir et lentement nous nous verrons, grand narcisse noir, disparaître dans son eau.

VILLAGE. Je ne veux pas disparaître.

ARCHIBALD. Comme les autres ! Il ne demeurera de toi que l'écume de rage. Puisqu'on nous renvoie à l'image et qu'on nous y noie, que cette image les fasse grincer des dents !

VILLAGE. Mon corps veut vivre.

ARCHIBALD. Sous leurs yeux tu deviens un spectre et tu vas les hanter.

Jean Genet, *Les Nègres*,
L'Arbalète, Paris, 1958 ; rééd, Gallimard, Paris, 1980, p.48.

Préface

Pour le cimetière des éléphantasmes

On le savait, on s'en doutait : le racisme est une construction idéologique qui doit son existence et sa pérennité à l'Histoire des cinq derniers siècles d'esclavage et de colonialisme. Sylvie Chalaye le prouve avec brio par un patient travail généalogique qui prend source durant la Conquista et la Renaissance, et traverse l'Age « classique », les Lumières et la Révolution, pour culminer dès le seconde Empire en 1870. On est pris de vertige littéralement en constatant que les « universaux » inventés par le pays des droits de l'homme ont servi de cache-sexe à la bête immonde dont Brecht nous a appris l'extraordinaire fécondité. Sylvie Chalaye n'a pas écrit un livre pour « apprendre le racisme aux enfants » mais aux adultes, consommateurs impénitents du « spectacle » théorisé par Guy Debord. On se prend à rêver un chapitre non écrit de l'oeuvre de Foucault qu'il faudrait insérer dans *La Folie à l'Age classique* ou dans *Surveiller et Punir*, un gros chapitre sur la fabrication de la connerie mortelle qui nous laisse blancs de rage et rouges de colère.

Nègres en images, livre élaboré à partir de textes livrés ici et là à des revues et journaux dans la dernière décennie du XXeme siècle, arrive à point nommé, au moment où les Français s'interrogeaient gravement sur le bien-fondé des quotas comme réponse à l'invisibilité audiovisuelle des « minorités visibles » soulevée par le « Collectif Egalité » durant les Commémorations du cent-cinquantenaire de la seconde Abolition de l'Esclavage (Schöelcher, 1848). On a dit et écrit ici et là que le Collectif posait de « bonnes » questions, mais que « l'affirmative action » à l'américaine était une « mauvaise » réponse dans un pays où naquit la «république » laïque et moderne. Alors que faire ?

Sylvie Chalaye, elle, a fait un livre d'histoire des idées et des mentalités digne de l'Ecole des « Annales » qui nous installe confortablement dans le questionnement kantien : « Que dois-je savoir, que puis-je faire ? » Les philosophes français de la fin du XXeme siècle que nous voyons régulièrement sur le petit écran sont tous grands lecteurs de « Qu'est-ce que les Lumières ? », débat tellement fracassant que Derrida s'y est attelé encore dans un magazine littéraire, il n'y a pas si longtemps, comme si on avait pas assez glosé sur la chose. Les lumières que jette Sylvie Chalaye sur la généalogie de « l'invisibilité » des Noirs dans les représentations françaises, celles-ci obligent après lecture à un travail d'introspection douloureux pour tous ceux qui sont « petits avec de grandes oreilles », portrait-robot de monsieur Dupond selon un chanteur de rock tricolore.

Si de Gaulle était grand, il avait aussi de grandes oreilles néanmoins, et on le lui souhaite ardemment, lui qui, après la 2nde Guerre mondiale, demandait à Georges Pompidou - grand connaisseur de Noirs, n'est-ce pas ? - si ces gens-là « étaient comme nous » (G. Pompidou, in *Ma part de vérité*). Ce à quoi le normalien répondit en assurant au « général », ami de Éboué et rival de Monnerville, que son camarade de classe Senghor était un redoutable abonné au tableau d'honneur rue d'Ulm. Mais si de Gaulle lui-même, hein, à peine sorti du ventre de la bête féconde dressée par Arturo Ui grâce, il faut bien le dire, non pas au cerveau mais au sang et aux richesses africains, hein, si le grand bonhomme aux grandes oreilles lui-même « déjantait », comment ne pas s'interroger sur les universaux dont Malraux fit son fonds de commerce ?

Lorsqu'il était ministre de l'éducation, le « souverainiste » Chevènement conseillait l'apprentissage de la Marseillaise aux têtes blondes comme apprentissage de la vie citoyenne, c'est un choix qui en vaut un autre. Le nôtre serait l'enseignement de l'histoire des religions et de l'histoire coloniale, seules capables d'armer un « tout petit aux grandes oreilles » d'un lexique approprié face aux moulinets et quolibets nazis qui plombent le

Grand Stade de France ou le Parc des princes malgré la fameuse « photo » des champions du monde de foot version 1998. Zidane, Thuram, Desailly, Karembeu, Lama, des noms qui racontent l'Algérie, la Guadeloupe, la Nouvelle-Calédonie, la Guyane, des noms qui ont inspiré les Allemands qui ont enfin intégré des gens de couleur dans leur Manshaft et revu leur code de nationalité autrefois fondé sur le droit du « sang ». Il n'y a pas photo comme dans nos banlieues de nos jours, car la fraternité des stades trouve son seuil de tolérance le lendemain de la victoire à l'entrée des boîtes de nuit et du monde du travail, réduisant à néant le magnifique travail social réalisé par Aimé Jacquet, cet alchimiste d'un autre siècle surgi de la « Recherche de l'Absolu » de Balzac.

Le roman, nous dit-on dans le Lagarde et Michard s'est constitué en genre au dix-neuvième siècle, en plein âge d'or colonial mais il serait inutile de chercher dans Balzac, Stendhal ou Flaubert la moindre conscience « malheureuse » du fait du colonialisme et à lire Edward Saïd (*Culture et impérialisme*), même Stevenson et Conrad n'échappent pas au terrible « fardeau de l'homme blanc » inventé par le talentueux Rudyard Kipling.

Y a pas photo, on vous dit. Alors « que doit-on savoir, que peut-on faire ? » Lire impérativement *Nègres en images* pardi ! Afin de ne pas mourir idiot, car disait Brecht, encore lui, ceux qui savent et se taisent sont des salauds, ceux qui ne savent pas sont des imbéciles. Désormais on ne dira plus « je ne savais pas » car Sylvie Chalaye, à la manière du général Patton invitant les braves Allemands à visiter les camps nazis, nous invite à nous promener sur cinq siècles de connerie savamment entretenue, connerie qui, si elle ne tuait pas, serait maladie bénigne. Or si la France s'honore d'être le pays de l'homme qui a isolé le VIH, il lui manque, c'est clair, un Montagnier pour matière d'idéologie. On a beaucoup glosé sur « l'Idéologie Allemande » et si Marx lui-même n'a pas échappé à la connerie ambiante distillée par Hegel, il a comme excuse de ne pas compter parmi les contemporains de Sylvie Chalaye. Nous si. Alors Ras'L'Ftront ou l'Bol des « fâcheux ».

L'esclavage aboli et le colonialisme achevé, nous gardons, et « dieu sait » pour combien de temps encore, l'amour des sketches qui tuent, genre « Certains Leeb chaud », où l'on voit l'accent ardéchois, berrichon ou ch'timi se moquer de l'accent sarakolé... et toute la douce France de se poiler. Y a pas photo ! Mais après lecture, on sait comment répondre à l'interrogation kantienne : se procurer ce sacré bouquin et le refiler à son entourage. Depuis la mission ethnologique Marchand en 1931 qui révéla le Griaule de *Dieux d'eau* - conversations avec l'initié dogon Ogotoumméli - et le Michel Leiris de *L'Afrique Fantôme*, après le théâtre de Genet et celui de Brook, on continue à se coltiner des « éléphantasmes », des « leeberies » qui maintiennent l'image du nègre en lieu et place du Noir, de l'Africain et de ses diasporisations.

Pouchkine est mort en duel pour ne pas avoir supporté une lettre anonyme raciste qui se moquait de l'emblème de son bisaïeul africain Abraham Petrov, auto-proclamé Hannibal après les persécutions racistes subies en Estonie. Or ce bisaïeul vécut en France et fit ses classes d'ingénieur-architecte militaire à la Fère, à l'école de Vauban et son baptême du feu dans l'armée française en Espagne, ce qui lui valut d'être bombardé capitaine. Filleul de Pierre le Grand et du duc d'Orléans, le régent et son tuteur, il fut le héros d'un roman inachevé d'Alexandre Serguéyévitch qui a pour unité de lieu le Paris de le première moitié du XVIIIeme siècle : *Arap Petra Vélikogo ou le Nègre du Tsar Pierre le Grand*. Sept chapitres qui font l'éloge d'un Paris où les amours des couples domino peuvent s'épanouir en dépit du préjugé racial, car Pouchkine surnommé le « français » au lycée de Tsarkoé Sélo à St Petersbourg, imaginait la ville lumière justement éclairée par les valeurs de la Renaissance et des Lumières. Las, trois fois las... Sylvie Chalaye nous campe une France pré-révolutionnaire où un métis est un looser écartelé entre sa noirceur stipendiée et sa blancheur souillée, une France où le théâtre ne représente le nègre qu'à condition qu'il tienne son rang - celui des plantations - et dans le cas contraire, censure sans états d'âme toute création qui humanise un tant soit peu le mulet. Pouchkine comme beaucoup d'entre nous fut victime de la propagande et du « marketing » tricolores : les universaux des Lumières.

Pendant que Sylvie Chalaye écrivait les chapitres de ce livre, on célébrait le cent cinquantenaire de la naissance de Pouchkine

(1799-1999), une année après les commémorations du décret Schoelcher et le cinquantenaire de la revue et des Editions Présence Africaine d'Alioune Diop à qui Césaire doit tout. On concélébra donc Pouchkine à coups d'éditoriaux, de biographies et d'essais qui enfouirent sa « divine négrité » sous des tonnes de papier, au point que Le Monde et Libération en une ou deux lignes s'étonnèrent de la disparition du « corps noir » du poète, « signes particuliers » au coeur de la tragédie intime et de son économie littéraire. L'auteur de *Mon Portrait*, de *Ma Généalogie,* qui se définissait comme le « le seul écrivain russe qui compt(ât) un nègre parmi ses ancêtres » vivait sa deuxième mort, tellement il fut « blanchi », ramené de l'hybride du russe et de l'africain qu'il était à un monument de la race pure par le Kremlin empêtré dans la guerre de Tchétchénie. Ce Pouchkine venu de nulle part, ou plutôt sacré européen de « souche » prend sa source dans le fameux discours qui lui fut consacré par Fédor Dostoievski, discours dans lequel le visionnaire des *Possédés* recensait les valeurs européennes introduites par Pouchkine en Russie à travers la langue russe moderne dont il fut l'accoucheur. Aucune allusion à son obsession africaine, pourtant archi présente dans *Onéguine*, dans ses poèmes et lettres, et thème principal de son roman inachevé *Le Nègre du Tsar Pierre Le Grand.* Ici aussi, on aura préféré l'éléphantasme au réel.

L'éléphant, emblème des Hanibal, introducteur des sciences de l'architecture et de l'ingénierie militaire au siècle de Pierre 1er le réformateur, marquait du sceau de l'infamie, le courrier anonyme qui poussa le poète au duel fatal. Soyons cruels : la « petite main » du tsar Nicolas Pavlovitch 1er, le bourreau des « décembristes » de 1825 était un officier français, un chouan royaliste qui trouva fortune en Russie.

L'éléphant qui fut source d'orgueil des Hannibal fut subverti en insulte raciste dans une Russie où le préjugé n'était en rien dû à la Traite des Esclaves. Le choix fait par Abraham Petrov en se rebaptisant Hanibal avec un « n » est un clin d'oeil évident au Carthaginois qui fit trembler Rome lors des dernières guerres puniques et faillit changer le cours de la civilisation judéo-chrétienne, n'eût été la ruse et la ténacité de Scipion. De nos jours, en dessous de Lyon, dans l'ardéchois, il paraît que l'on se détermine encore pour ou contre Hannibal, et que cette fracture recoupe à peu près le vote droite-gauche dans la région, toutes choses qui, pour ne pas être sûres, n'en sont pas moins marquantes si l'on garde à l'esprit que les dernières guerres puniques eurent lieu avant Jésus-Christ.

Contre les éléphantasmes, et pour l'Eléphant tel qu'en lui-même, sachons travailler au « second passage des éléphants », à leur retour, à l'instar des sinistrés du chômage dans le Nord du côté de Lille et Roubaix-Tourcoing. Pour développer l'espoir et réinventer le développement, ces gens ont choisi d'appeler leur association « Pour que les éléphants reviennent », allusion ch'timie au cirque des Frères Veyssières, des industriels qui promenaient une ménagerie tropicale au XIXeme siècle une fois l'an et distribuaient des savons du Congo, inventant ici une forme de réclame publicitaire. Cet âge d'or des Frères Veyssières fut réapproprié par l'imaginaire des sinistrés de l'industrie nordique en dépit du côté « flambeur », et c'est ainsi que le papier d'emballage du boulanger est frappé des insignes de l'éléphant comme à peu près tout le petit commerce des « Associés ».

D'une manière générale, nous sommes, hypocrites lecteurs et lectrices de Sylvie Chalaye, mes semblables, tous contre les « éléphantasmes » et « pour que les éléphants reviennent ». Un ingénieur du XVIIIeme siècle, un certain Ribart de Chamouist avait rêvé (Le Monde, 20/07/01) à la place de l'Arc de triomphe sur la butte de l'Etoile, « un gigantesque éléphant creux, surmonté d'une statue de Louis XV victorieux, et dont l'intérieur aurait contenu une salle à manger dans sa croupe, des bains dans le poitrail, une salle de danse dans le ventre. De sa trompe aurait jailli un jet d'eau, tandis que par les oreilles seraient sortis les sons mélodieux de l'orchestre. Sans vouloir vexer notre grande armée, comment ne pas regretter cet éléphant sans prétention, divertissant et pacifique ? Il y eut d'autres projets d'éléphants dans Paris dont un en plâtre et en bois fut effectivement dressé à la Bastille, là où Napoléon voulait d'abord placer son arc de triomphe, justement, dont Hugo fait une description grandiose et poignante des ruines noirâtres et dans lequel se cache Gavroche au sixième livre de la quatrième partie des *Misérables* : « L'empereur avait eu un rêve de génie ; dans cet éléphant titanique (...) il voulait incarner le peuple ; Dieu en avait fait une chose plus grande, il y logeait un enfant. Mais les éléphants n'ont jamais eu de chance avec Paris. »

Blaise Ndjehoya, alias Ed - Cercueil - Makossa

Introduction

A l'heure où la question de la couleur de l'acteur noir se pose encore, où les metteurs en scène hésitent à distribuer un acteur d'origine africaine dans un rôle classique, où il faut que les artistes et intellectuels d'outre-mer et d'Afrique s'organisent en collectif pour que les média prennent conscience que la représentativité de la communauté noire à la télévision est bien faible, où la publicité en revanche continue de véhiculer tous les clichés qui s'attachent au nègre et joue encore de la couleur d'un acteur ou d'un sportif pour vendre du lait ou de la lessive, il n'est pas inutile de poser la question historique de la présence des Noirs dans les arts de représentation en France et d'interroger la fabrication de tous ces clichés qui hantent encore l'imaginaire européen, et dont nous ne pourrons nous défaire sans les regarder en face. Ce qui concerne aujourd'hui la télévision concernait hier le théâtre ou la peinture, arts de représentation qui touchaient la masse analphabète et donc bien plus populaires qu'aujourd'hui.

L'instrumentalisation que subit encore l'acteur d'origine africaine au nom du personnage qu'on lui fait jouer parce qu'il a la peau noire doit absolument faire l'objet d'une réflexion. Comment poser la question de la représentation des minorités visibles, sans poser celle de l'image du Noir dans la culture française, sans interroger l'histoire des représentations du nègre ? La question en effet n'est pas tant d'ordre quantitatif que d'ordre qualitatif. Quel rôle pour l'acteur noir ? Car c'est bel et bien par ces structures mentales enfouies que se détermine l'idée que les Français se font encore de l'homme noir dans la société d'aujourd'hui.

Aussi cet ouvrage qui réunit des articles parus dans *Africultures*, mais aussi dans diverses revues de littérature, de sociologie ou de théâtre, propose-t-il une approche en trois temps. D'abord un angle historique qui permet de remonter aux temps de l'esclavage, des mensonges, des tabous qui marquent cette période où le nègre et sa réalité sociale étaient travestis pour que les réalités sordides de l'esclavage ne sautent pas à la gorge de l'opinion publique, puis l'époque coloniale où l'on invente une série de clichés aussi effrayants qu'humoristiques pour justifier la conquête, et la période contemporaine enfin où l'image du Noir reste victime des mêmes tribulations puisque l'acteur noir, dans la majorité des cas, est encore convoqué d'abord pour sa couleur et l'éventuelle adéquation de son allure avec la figure de nègre que recherche le metteur en scène, au lieu d'être convoqué pour ses qualités d'acteur et son originalité propre.

Après « le nègre historique » des temps de l'esclavage et « le nègre colonial » des temps de la conquête en terre d'Afrique, continue de se décliner aujourd'hui un stéréotype « moderne » du nègre, parce que l'homme noir reste l'Autre, celui que l'on invente au lieu de découvrir, celui dont on se réapproprie l'image au lieu d'aller à sa rencontre, celui qui cristallise encore angoisses, frustrations et désirs, et dont il faudrait enfin cesser de fantasmer l'altérité pour laisser exister l'homme.

Sylvie Chalaye
Paris, le 26 juin 2001

I

Le nègre historique

La traite et l'esclavage ont inventé le nègre et par la même occasion le fantôme d'un personnage que les circonstances économiques et politiques bannissaient de l'art, tant il renvoyait à l'Occident esclavagiste sa mauvaise conscience. Interdits et tabous ont frappé le personnage du nègre au théâtre comme en peinture ; on a réinventé son apparence, fabricant le négrillon enturbanné des Lumières ou le frère noir de la Révolution française toujours amoureux de son maître et préférant la bamboula à la liberté que lui offre le Blanc magnanime. Cette imagerie a indéniablement structuré en profondeur la conscience occidentale. Et une fois l'esclavage aboli difficile encore de ne pas voir dans l'homme noir le porte-flambeau des cariatides.

Interdit et représentation du Noir au siècle des Lumières[1]

Quand on envisage les personnages noirs dans les arts de représentation, les arts qui montrent des images, en particulier le théâtre et la peinture, on est étonné de constater que, dès la Renaissance, intervient tout un réseau d'interdits, de tabous, certes gouvernés par le préjugé de couleur, mais aussi imposés par l'ordre établi et souvent fortement relayés par la censure officielle.

En fait, sous l'Ancien Régime, ce que l'on tolérait en littérature n'était pas admis en peinture ou sur la scène. Parce qu'il s'appuie avant tout sur l'imaginaire, l'écrit peut se contenter d'évoquer, de suggérer, là où les arts visuels tendent des images. La portée de la littérature restait alors encore très confidentielle et s'adressait avant tout à l'élite instruite. En revanche, la peinture et surtout le théâtre avaient une portée beaucoup plus populaire et jouaient un véritable rôle d'information auprès de la masse. Aussi les arts de représentation faisaient-ils l'objet d'une attention toute particulière de la part du pouvoir.

En outre, comme ils dépendaient financièrement des mécènes et des subventions d'État, peintres et dramaturges n'avaient guère les coudées franches, et d'ailleurs ils s'imposaient à eux-mêmes souvent des limites pour éviter d'aller trop loin et de déplaire.

---

1. Une première version de ce texte est parue dans *Littérature et Interdits*, textes réunis par Jacques Dugast, Irène Langlet et François Mouret, coll. "Interférences", Presses Universitaires de Rennes, 1998.

A la fin de la Renaissance, les représentations d'hommes noirs, avec l'exploration des côtes d'Afrique, se font plus fréquentes, mais elles commencent aussi à être montrées du doigt, et en fonction du sujet, on s'interroge sur leur raison d'être, voire leur dignité.

Les peintres notamment garderont longtemps en mémoire le fameux procès que l'Inquisition avait fait en 1573 au grand Véronèse pour une peinture représentant la Cène, et qui prouvait à quel point on ne pouvait manier sans discernement l'image du nègre. Les peintres de la Renaissance qui travaillaient en Italie ou en Espagne, où la présence des Mores était déjà ancienne, avaient une vraie prédilection pour les jeux de contraste que permettait le visage noir des Africains. Aussi introduisaient-ils des négrillons dans leurs compositions, histoire de renforcer la mise en scène, la théâtralité et l'exotisme des sujets. Véronèse en avait fait un des fétiches de ces repas bibliques pour donner plus de relief aux scènes de groupe.

Dans sa composition de la Cène peinte en 1573, le Christ apparaissait entouré de personnages satellites, dont plusieurs pages noirs. L'Inquisition trouva « ces bouffonneries » grotesques et indécentes ; elle chercha un sens caché derrière le serviteur au mouchoir taché de sang. Et surtout le Noir qui apparaissait à la droite du Christ... quelle hérésie ! Véronèse dut retoucher le tableau, maquiller le Noir derrière une barbe et transformer le sujet en un autre repas biblique. Le tableau devint *Le Repas chez Levi.*[1]

Couleur de nègre, couleur ignorée au XVII° siècle

Les tabous qui commencent alors à se dresser, en cette fin du XVIe siècle, autour des représentations du Noir ne relèvent pas seulement des préjugés esthétiques ou des mœurs. On s'aperçoit que la représentation du Noir dérange, devient faute de goût, est même déplacée, à partir du moment où la traite s'amplifie et s'installe comme un paramètre indispensable à la prospérité économique des grandes puissances européennes, et où l'Église

1. Véronèse, *Le Repas chez Lévi,* vers 1573. Académia, Venise.

donne son assentiment, bénissant ce commerce au nom de l'évangélisation des pauvres sauvages que renferme l'Afrique.

L'Europe de la Renaissance n'avait pas ignoré les Noirs. On en rencontrait souvent dans les ports des grandes puissances maritimes, souvent ramenés de voyages, vendus comme domestiques. Mais à présent que le commerce triangulaire s'imposait, on préférait faire de la traite un négoce mystérieux et lointain. Et pour mieux ignorer la chose, mieux valait voir disparaître de métropole ces hommes noirs qui auraient pu évoquer l'esclavage.

C'est ainsi qu'en 1570, la France promulgue un édit pour limiter l'entrée des Noirs sur son territoire et surtout pour dissuader les négriers de venir exhiber leur chargement dans les ports. Tout esclave qui touchait le territoire était définitivement affranchi.[1]

Durant tout le XVII° siècle, on va s'employer à ignorer le négoce qui enrichit les armateurs. Il y a bien des Noirs dans la peinture baroque, chez Vélasquez, Rubens, Rembrandt..., mais il ne s'agit pas d'esclaves et ceux que l'on trouve dans les divertissements de cour, sur la scène élisabéthaine, ou dans le théâtre espagnol sont de nobles seigneurs, des rois, des ambassadeurs, mais point de chaîne, point de fouet... Quant à l'esthétique classique, au nom des bienséances et de la mesure, elle n'autorisera guère l'image par trop monstrueuse du nègre.

Noir : une couleur à la mode sous les Lumières

Cependant, on peut s'autoriser à penser qu'avec le siècle des Lumières, le nègre va enfin sortir de l'ombre, que les pratiques esclavagistes des Européens, la participation active de la France au commerce de la traite ne pourront plus passer sous silence, et que l'opinion publique en sera enfin clairement informée.

Dans les dernières décennies du siècle de Louis XIV, il devient difficile d'ignorer les réalités de l'esclavage et la situation des Noirs aux colonies. La publication du Code Noir (1685) en consacre l'officialisation et souligne la

1. Voir Jean-Michel Deveau, *La France au temps des négriers*, France Empire, Paris, 1994.

reconnaissance gouvernementale et administrative du statut des esclaves aux colonies, tout en légitimant les droits qu'avaient sur eux les colons.[1]

De plus, au lendemain de la mort de Louis XIV, le Régent s'était empressé de céder à la pression des colons en leur accordant un décret qui contournait l'interdit qu'imposait le droit du sol. A présent, ils étaient autorisés à introduire leurs esclaves sur le sol français en gardant sur eux leurs prérogatives. Il suffisait qu'ils justifient le voyage par une formation destinée à étendre le savoir-faire de l'esclave.[2]

Les domestiques noirs se font alors plus familiers dans les ports et les grandes villes. De plus en plus présents dans la société européenne, les Noirs inspirent les écrivains. La plupart des grands auteurs du siècle leur ont consacré quelques lignes et les ont même introduits comme personnage dans leurs romans.[3]

Les petits Noirs se rencontrent bientôt partout dans les lieux à la mode, à la cour, dans les salons, dans la peinture et même au théâtre. Certes le Noir continue de faire l'objet d'un fort tabou esthétique qui condamne sa laideur ; on en fait un monstre, mais ce tabou se meut alors en un tabou sexuel : noir étalon ou obscure maîtresse émoustille la société raffinée à une époque où le goût est à la pâleur et où les jeux pervers s'exacerbent au sein d'une aristocratie désoeuvrée qui n'a plus que l'alcôve pour exercer ses désirs de conquête et recherche de nouvelles épices érotiques qui agacent l'œil et les sens.

Et ce tabou sexuel qui s'attache à la couleur du Noir se double d'un préjugé social qui se rapporte, lui, au statut du nègre dans la société européenne des Lumières. L'attrait inavouable du Noir est dû autant à la laideur conventionnelle de son apparaître qui fascine qu'à son statut servile.

---

1. *Ibid.*
2. Pierre Pluchon, *Nègres et juifs au XVIII° siècle. Le racisme au siècle des Lumières,* Tallandier, Paris, 1984.
3. Au sujet des personnages noirs de la littérature des Lumières voir Léon-François Hoffman, *Le Nègre romantique. Personnage littéraire et obsession collective,* Payot, Paris, 1973.

Du godemiché exotique dans l'ombre des plaisirs défendus...

Les représentations du Noir qui tiennent la vedette au XVIIIe siècle et surtout avant la Révolution, ce sont les pages, négrillons et jeunes domestiques qui égayent les assemblées mondaines, apportent un peu d'exotisme et de couleur au cœur des fêtes galantes, comme le montrent les peintres de l'époque : Hogarth, Raynolds, Watteau, Lancret, Pater ou Fragonard.

Durant la première moitié du siècle, toute une société insouciante et délurée, bridée par l'austérité de la fin du règne de Louis XIV, s'empresse de se lancer dans les plaisirs des fêtes galantes et des divertissements. L'amour devient un jeu raffiné de séduction. Emporté dans le tourbillon des plaisirs, cette société n'est pas prête à ouvrir les yeux sur les réalités du commerce triangulaire et de l'horrible fumier qui se cache sous les dorures et la pourpre. L'essentiel est de profiter de ces denrées nouvelles qui poussent à la convivialité et deviennent le prétexte de réunions et d'entretiens charmants : on se régale de sucreries, de café, de chocolat. Et les jeunes négrillons jouent les compagnons inséparables des dames qui les préfèrent aux perruches, bichons et autres levrettes.[1]

Ces gentils masques de laideur mettent en valeur l'éclat de leur teint et participent aux jeux de séduction. Les belles aiguisent sur eux leurs attraits sans courir de risques pour leur vertu ou leur réputation. Ne sont-ce pas des enfants ?... Et surtout, qui songerait qu'une femme du monde puisse s'abandonner complètement aux caresses de ces petits monstres ? ! !

En fait le goût de l'époque n'admet pas que l'on puisse être attiré par un nègre ou une négresse. La laideur du nègre est l'image même des limites du désir amoureux. On ne saurait se laisser séduire par un Noir sans une certaine perversité, sans un goût pour la transgression.

Jeunes négrillons bien bâtis et voluptueuses négresses hantent les pages de la littérature érotique du XVIII° siècle. On les

---

1. Louis-Sébastien Mercier, « Petits nègres », in *Tableau de Paris,* Amsterdam, 1783, vol.VI, pp.290-291.

retrouve chez Rétif de la Bretonne, Mercier, Sade... où ils expriment toujours l'attrait d'une sexualité dépravée.[1]

Aussi l'image du Noir dans un contexte de séduction et de plaisir est-elle rarement innocente. Elle représente un signe grivois et finit par stigmatiser l'idée même de l'interdit, le sombre abîme qui se cache derrière l'obscur objet du désir. Au cœur même des scènes de séduction, le page noir joue les faux gardiens de la virginité de sa maîtresse, comme dans *Le Dénicheur de moineaux* de Pater,[2] ou affiche les signes avant-coureurs de sa défaillance, tel le négrillon enturbanné du *Lever de la Comtesse* de Hogarth[3] qui déballe au premier plan du tableau les indices du cocufiage imminent du comte, quand il ne sert pas de loup à ces coquettes en mal d'artifice se préparant pour le bal, que peint Watteau.[4] Le négrillon participe des stratégies de séduction des dames, il met en valeur la pâleur du teint comme le feraient dominos et autres mouches.

Au théâtre, l'image du Noir incarne de la même façon l'ombre des plaisirs défendus. Dans *Le Prince noir et blanc* (1780) de Nicolas Audinot,[5] l'homme noir apparaît comme la représentation tangible du désir. Zulica, prince amoureux de la jeune Rosine se retrouve métamorphosée en nègre pour avoir voulu approcher de trop près l'élue de son cœur. La fée Diamantine qui veille sur la virginité de Rosine, lui avait en effet interdit de voir le prince, mais par accident elle croise son regard et le voilà transformé en une apparence hideuse, condamné à ne plus pouvoir inspirer aucun amour à sa bien-aimée, et arborant en même temps, au vu et au su de tous, la vraie nature de ses désirs lubriques...

---

1. Léon-François Hoffman, *Ibid.*
2. Jean-Baptiste Pater (1695-1736), *Le Dénicheur de moineaux*, s.d.. Musée Cognacq-Jay, Paris.
3. Hogarth, *Le lever de la comtesse*.
4. Antoine Watteau, *Les Coquettes ou le départ pour le bal.*, s.d., Musée de l'Ermitage, Saint-Petersbourg.
5. Nicolas Audinot, *Le Prince noir et blanc*, féerie en deux actes, Ambigu-Comique, décembre 1780, Cailleau, Paris, 1782.

Dans *La Dispute* de Marivaux,[1] Carise et Mesrou sont les garants de l'innocence sexuelle des enfants. Grâce à leur couleur, ils ont pu les élever sans qu'ils aient la moindre idée de ce que peut représenter le désir. Et d'ailleurs les enfants sont scandalisés d'imaginer que ces deux visages aussi noirs puissent susciter le sentiment qu'ils se découvrent pour leurs semblables. Alors que les deux domestiques suggéraient aux enfants de se séparer pour ne pas épuiser leur amour, Eglée s'exclame : *« Cela peut vous être bon à vous autres qui êtes tous deux si noirs que vous avez dû vous enfuir de peur la première fois que vous vous êtes vus »* et elle ajoute encore : *« Et vous seriez bientôt rebutés de vous voir si vous ne vous quittiez jamais, car vous n'avez rien de beau à vous montrer... et vous qui parlez de notre plaisir, vous ne savez pas ce que c'est... »* (scène 6).

Carise et Mesrou sont les gardiens de leur inconstance mais on ne sait s'ils empêchent les enfants de fauter, ou s'ils les y poussent au contraire par l'interdit qu'ils leur opposent.

...à la mascotte révolutionnaire du préjugé vaincu

Mais ce n'est pas le simple préjugé esthétique qui fait passer le nègre pour la bête, le monstre, c'est aussi un préjugé social qui implicitement le situe au plus bas de la hiérarchie et qui ne lui reconnaît quasiment pas le statut d'être social. Puisque sa sauvagerie justifie l'esclavage, il est au degré zéro de la civilisation. L'interdit esthétique et sexuel qui relevait des mœurs se double d'un interdit social à la fin du siècle. Un décret défend même, en 1778, aux prêtres et aux notaires de célébrer des mariages mixtes et de reconnaître les Noirs comme sieurs et dames.[2]

Ainsi dans la mouvance révolutionnaire, l'image de l'union en noir et blanc condamnée par le pouvoir et les mœurs apparaîtra comme le symbole même d'un ordre ancien, fondé sur des préjugés sociaux iniques.

---

1. Marivaux, *La Dispute*, comédie en un acte, 1744, Comédie-Française, G/F, Paris, 1994.
2. Pierre Pluchon, *ibid.*

C'est pourquoi, si peu avant la Révolution, Radet et Barré prennent maintes précautions dans *La Négresse ou le pouvoir de la reconnaissance* (1787)[1] pour rapprocher la belle indigène noire et Dorval, le Blanc qu'elle a sauvé, demandant au public indulgence et générosité ; en revanche de nombreuses pièces de l'époque révolutionnaire mettent en scène des unions mixtes et des images de confraternité. Non seulement on s'empresse d'adapter pour la scène *Paul et Virginie,* mais dans *Le Nègre aubergiste* de Guillemain[2] joué en 1793, dans la *Liberté des Nègres* (1794) de Gassier,[3] dans *Les Africains ou le triomphe de l'humanité* (1795) de Larivallière[4] ou encore *Honorine* (1797), un charmant vaudeville de Radet[5] on conjugue amitiés et amours en noir et blanc. Après la Révolution et l'abolition de l'esclavage, le Noir n'est plus l'image du tabou, de l'être avec lequel on ne saurait se compromettre mais au contraire, il symbolise la fin des barrières sociales, et la propagande récupère son image pour en faire la mascotte de la fraternité : on se jette à son cou, on l'embrasse. Sur scène comme en peinture, le Blanc et le Noir qui s'enlacent, frères ou amoureux, incarnent l'image de la fraternité retrouvée, de l'union nationale qui sauvera la République. Decrès peint l'allégorie de la fraternité sous les traits d'une femme vêtue à l'antique, ceint du drapeau tricolore, écrasant sous ses pieds les vieux monstres et protégeant deux enfants enlacés, l'un noir, l'autre blanc.[6]

---

1. Jean-Baptiste Radet et Pierre Barré, *La Négresse ou le pouvoir de la reconnaissance*, comédie en un acte, Comédie Italienne, 15 juin 1787, Brunet, Paris, 1787.
2. Charles-Jacob Guillemain, *Le Nègre aubergiste*, fait historique en un acte, Théâtre du Vaudeville, 3 septembre 1793, Cailleau, Paris, 1794.
3. J.M.Gassier, *La Liberté des nègres*, citoyenne Toubon, Paris, 1794.
4. Larivallière, *Les Africains ou le triomphe de l'humanité*, comédie en un acte, Théâtre de la République, vendémiaire an III, Meurant, Paris, 1795.
5. Jean-Baptiste Radet, *Honorine, ou la femme difficile à vivre*, comédie en trois actes, Théâtre du Vaudeville, le 25 pluviose an III, in *Suite du Répertoire du Théâtre français*, Vaudevilles IV, Veuve Dabo, Paris, 1823, pp.279-403.
6. Decrès, Fraternité, s.d., Musée des Arts Africains et Océaniens.

Voilà une bonne façon de proclamer l'égalité et de contrer les préjugés aristocratiques. On condamne l'image servile du Noir pour mettre en avant une image où il apparaît d'égal à égal avec l'homme blanc, comme dans cette gravure de propagande républicaine où la justice met à niveau le Blanc et le Noir avec une toise.[1]

L'interdit amoureux a fait place à une utopie de fraternité, mais dans l'un et l'autre cas, il s'est agi d'utiliser la dimension spectatorielle du Noir avec toute la réalité de son être et de sa condition. Le siècle des Lumières s'est passionné pour l'image du Noir, mais n'a pas représenté le nègre.

Tabous, turbans et camouflages

Ces négrillons qui cristallisent sur le masque noir de leur visage l'interdit sexuel qui pimente les plaisirs des fêtes galantes, ne doivent pas gâter la fête en rappelant les esclaves des colonies.

Le mot nègre vient d'entrer dans l'usage français au XVIIIe siècle, le dictionnaire de Trévoux précise justement qu'il signifie esclave et désigne ceux qui, originaires d'Afrique, font l'objet d'un négoce.[2] Négrité et servitude se confondent alors : être noir d'Afrique, c'est être esclave. Mais la société des Lumières va s'ingénier à camoufler ses Noirs pour qu'on ne reconnaisse pas en eux les nègres dont on trafique.

On s'applique à travestir les Noirs qui côtoient les milieux aristocratiques, et qui sautent sur les genoux de leurs maîtresses, à les faire passer pour des Indiens, à leur donner l'allure des négrillons de Véronèse, ou encore à les affubler d'un costume oriental. Les peintres leur donnent des airs de mages venus d'Orient et les représentent avec turbans et plumage, culotte bouffante, ou petit habit vert à la manière du peintre vénitien.

---

1. Anonyme, gravure proclamant l'égalité entre les races, 1794. Coll. Hennin, Bibliothèque Nationale.
2. *Dictionnaire de Trévoux*, éditions de 1728, 1732, 1740, voir Simone Delessalle et Lucette Valensi, « *Le mot « nègre » dans les dictionnaire d'Ancien Régime : Histoire et lexicographie », in Langue française* , n°15, septembre 1972.

Ces petits nègres déguisés qui amusent la galerie ne doivent en rien évoquer l'esclavage ; délibérément on ne les associe pas à l'Afrique. Et Hogarth comme Watteau ne manqueront pas de souligner l'indifférence qui les entoure et qui en fait souvent de simples accessoires.

Mon truc en plumes...

Loin de renoncer à exhiber l'éclat de leur teint à côté du moricaud qui en rehaussera la pureté, les coquettes commandent des peintures où elles sont en compagnie d'un jeune page noir enturbanné ou se font peindre dans ces décors orientaux mis à la mode par Antoine Galland, comme la Pompadour qui se fait représenter par Van Loo en sultane à côté d'une aimable servante au teint d'ébène.

On invente une chimère empanachée qui ne correspond en rien à la réalité. La littérature commence pourtant à lever le voile. En Angleterre le roman d'Aphra Behn[1] et le succès de son héros, Oronooko, contribuent à faire connaître les réalités de l'esclavage et à sensibiliser l'opinion publique. Les romanciers français s'en inspirent. Et les philosophes dénoncent de leur côté les mauvais traitements que l'on inflige aux esclaves dans les Caraïbes. Mais s'ils évoquent l'esclavage comme inhumain et dénoncent la violence, la traite reste un sujet que l'on préfère taire et surtout ne pas montrer. En témoigne le système d'antiphrase du fameux texte de Montesquieu. Il faudra attendre l'abbé Raynal pour une véritable dénonciation du système économique sur lequel s'enrichit l'Europe.[2]

En dehors de la littérature, le nègre et la traite qu'il subit deviennent un sujet tabou. Le siècle des Lumières ne produira aucune représentation picturale qui évoque l'esclavage des nègres, aucun drame non plus. Quant à toutes ces pièces

---

1. Aphra Behn, *The History of Oronooko, or the Royal Slave*, in *Histories and Novels*, Bettesworth and Clay, London, 1722 vol. 1, pp.75-200, (1ère éd. 1688).

2. Abbé Raynal, *Histoire philosophique et politique des établissements et du commerce des Européens dans les Indes,* J.L. Pellet, Genève, 1781, 1ère édition 1770.

orientalisantes dont raffole le public du XVIII° siècle, elles mettent en scène de belles et beaux esclaves européens capturés par les barbaresques...

Les dramaturges sont, à leur tour, contraints de travestir les personnages noirs pour qu'ils n'évoquent en rien les nègres des colonies. On invente des sauvages noirs qui vivent aux Amériques et on demande aux auteurs d'éviter l'emploi du mot nègre. Dans *Le Prince Noir et Blanc* d'Audinot, le mot n'est utilisé qu'une fois dans la didascalie qui signale la métamorphose de Zulica. Et on ne relève aucune occurrence du mot dans *La Dispute* de Marivaux. On sait juste de Carise et Mesrou *« qu'ils furent choisis de la couleur dont ils sont afin que leurs élèves en fussent étonnés quand ils verraient d'autres hommes »* (scène 2).

Le mot *nègre* est tout aussi banni dans *Paulin et Virginie* de Dubreuil,[1] et s'il y est question de l'esclavage, c'est à travers une périphrase : *« fatal abus du pouvoir et de l'or, que tu parais condamnable à mon cœur ! Peut-on penser sans frémir d'horreur, à quel excès tu rends l'homme barbare et criminel ? »* (I, 9). Et la pièce s'ouvre sur *« L'hymne des sauvages indiens au soleil. »*

Pour éviter toute référence malencontreuse à la réalité du trafic, on demande aux dramaturges de travestir leurs Noirs en Indiens. Sauvages pour sauvages, mieux vaut éviter les nègres. Ainsi *Les Sauvages* de Romagnési et Riccoboni joués par les Italiens en 1736, sont bel et bien noirs, ils portent même de curieux noms, Négrillon, Négritte, mais ils vivent aux Amériques ![2]

Olympe de Gouges, qui avait, elle aussi, été contrainte de transformer ses personnages noirs en Indiens, s'en explique dans la préface de la première publication de sa pièce : *Zamor et*

1. Alphonse Dubreuil, *Paulin et Virginie.*, opéra en trois actes, Feydeau, 24 nîvose an II, Huet, Paris, 1794.

2. Jean-Antoine Romagnési et Francesco Riccoboni, *Les Sauvages*, parodie de la tragédie d'*Alzire*, Comédie Italienne, le 5 mars 1736, Prault, Paris, 1736.

Mirza, ou l'heureux naufrage (1788).[1] La pièce qui avait été acceptée par la Comédie-Française évoquait la vie aux colonies sur une plantation, mais Olympe dut changer son drame en « drame indien » et les nègres y devinrent tous des Caraïbes : *« Je finis cette préface en observant au lecteur que c'est l'Histoire des Nègres que j'ai traité dans ce drame, et que la Comédie m'a forcé à défigurer par le costume et la couleur, et qu'il m'a fallu y substituer des sauvages ; mais que cet inconvénient ne peut pas faire prendre le change à l'histoire déplorable de ces infortunés qui sont hommes comme nous, et que l'injustice du sort a mis au rang des brutes. ».*[2]

Cependant après avoir accepté à cette condition la pièce, les Comédiens Français multiplièrent les prétextes pour ne pas jouer. Olympe publia son « drame indien » avant qu'il ne soit représenté. Les années passèrent et se créa la société des amis des Noirs, intervint la Révolution, Olympe rebaptisa sa pièce *L'Esclavage des Noirs* et expliqua à son public que le sujet évoquait la souffrance des nègres aux colonies et que les acteurs devaient se travestir en conséquence, ce qu'ils ne firent d'ailleurs pas. On chercha à empêcher la pièce, on menaça la vie d'Olympe... Finalement les Comédiens s'arrangèrent pour faire chuter le spectacle à la troisième représentation.[3]

Il s'avéra plus tard qu'ils subissaient les pression des colons qui menaçaient le théâtre de faillite en voulant résilier leurs abonnements. Ceux-ci louaient à l'année une quarantaine de loges dont chacune rapportait entre 1500 et 2000 livres par an. Le plus souvent ils ne les occupaient pas et elles étaient même relouées, mais voilà qui conférait aux colons un droit de regard

---

1. Olympe de Gouges, *Zamor et Mirza, ou l'heureux naufrage*, drame indien en trois actes, in *Oeuvres de Madame Olympe de Gouges dédiées à Monseigneur le Prince,* tome III, Cailleau, Paris, 1788. (Version non représentée).
2. Olympe de Gouges, préface de *Zamor et Mirza ou l'heureux naufrage,* in *Oeuvres de Madame Olympe de Gouges...., op.cit.*
3. Olympe de Gouges, *L'Esclavage des Noirs ou l'heureux naufrage*, drame en trois actes, Comédie-Française, le 28 décembre 1789, Veuve Duchesne, Paris, 1792.

sur les programmations et leur donnait un véritable moyen de contrôle sur les pièces qui risquaient d'ameuter l'opinion publique.

L'abolition de l'esclavage n'amènera pas plus de transparence. Le décret a grand mal à être appliqué et les colons usent toujours de leurs pressions économiques. Ils ne reconnaissent pas le gouvernement révolutionnaire et s'allient aux forces étrangères encore esclavagistes, notamment l'Angleterre et l'Espagne.

Dans le théâtre révolutionnaire et la peinture de la propagande républicaine, la représentation de la traite et du travail des esclaves sur les plantations continue d'être soigneusement contournée. On représente à la rigueur l'abolition ou l'union fraternelle, mais l'esclavage reste métaphorique, on évite tout réalisme.

Si le théâtre met alors en scène des Noirs qui ne sont plus travestis, ils n'apparaissent pas pour autant comme des esclaves. Ce sont des Noirs affranchis et reconnaissants, des nègres qui échappent de peu à l'esclavage ou des domestiques venus en Métropole et pour qui la servitude est déjà depuis longtemps de l'histoire ancienne.

La chimère empanachée des fêtes galantes cède la place à une autre invention, celle du « bon petit nègre à son maître ». Ce personnage n'a aucune profondeur psychologique, mais il sert de faire-valoir à la magnanimité du Blanc qui abolit l'esclavage et il est à l'origine d'un stéréotype bien connu, celui du bon nègre rigolard, insouciant, préoccupé à danser et préférant remettre son bonheur entre les mains du maître.

...mais pas mon semblable !

La République invente le modèle du bon nègre reconnaissant et fidèle, capable de se sacrifier pour son maître, petit clown au baragouin désopilant, domestiqué comme une jeune chiot. Et l'on gomme toute référence à la lutte des esclaves. Pourtant les événements historiques devaient amener sur le devant de la scène des épisodes sanglants et des personnages noirs révolutionnaires, tel Biassou ou Toussaint-Louverture.

Si le public apprécie le nègre rigolard, qui se trémousse, dont le langage est pataud et bancal et qui n'existe que dans le sillage du Blanc, auquel même libre il reste attaché comme un chien fidèle, en revanche la noble image d'un héros noir libérateur n'aura pas sa place sur scène. Le héros que Pigault-Lebrun met en scène dans son drame *Le Noir et le Blanc*,[1] ne toucha guère le public, et le spectacle, jugé trop réaliste, fut un four. L'auteur y montrait les conditions de vie des esclaves et un nègre poussé à bout par l'injustice, qui finit par organiser un soulèvement.

En peinture, il faudra attendre le XIXe siècle pour voir réaliser des portraits de Noirs révolutionnaires, soldats ou députés qui s'étaient pourtant illustrés sous la République. L'histoire du célèbre Chevalier de Saint-Georges est édifiante à ce sujet.[2] On préfère jeter le voile sur les révoltes et l'action politique des nègres aux colonies ou sur leurs actions d'éclat militaires.

Dans l'univers dramatique, comme dans celui des représentations picturales, tous les négrillons se ressemblent : pages enturbannés avant la Révolution, bons petits nègres dévoués et joyeux après, mais point d'individualité. Le XVIIIe siècle ne produira aucun portrait de Noir, si ce n'est des études isolées destinées à préparer des scènes de groupe. La première peinture que l'on recense comme le portrait d'une femme noire est celui peint par Marie-Guilhemine Benoist. Il s'agissait sans doute d'une servante de son entourage dont elle aurait réalisé le portrait pendant l'abolition de l'esclavage, elle ne l'exposera qu'au salon de 1800 et non sans essuyer les pires attaques. Les critiques crièrent à l'horreur du sujet, soulevés d'indignation devant autant de mauvais goût.[3]

---

1. Charles-Antoine Pignault-Lebrun, *Le Blanc et le Noir*, drame en quatre actes, Théâtre de la Cité, 14 brumaire an IV, Mayeur et Barba, Paris, 1795.
2. Alain Guédé, *Monsieur de Saint-George, le nègre des Lumières,* biographie, Actes Sud, Arles, 1999. Voir également Sylvie Chalaye, *Le Chevalier de Saint-Georges de Mélesville et Beauvoir,* étude et présentation, coll. "Autrement mêmes", L'Harmattan, 2001.
3. Marie-Guilhemine Benoist, *La Négresse*, 1800. Musée du Louvre, Paris.

L'interdit fondamental qui pèse sur le Noir tout au long de ce XVIIIe siècle dans les arts de représentation porte sur son humanité même. On représente le Noir, mais on occulte son humanité et la réalité de sa condition et de sa souffrance : poupée érotique ou mascotte républicaine, il n'est rien plus qu'un bibelot, un accessoire, une touche d'exotisme, une idée coquine, un fantasme inavouable, ou un argument politique, mais pas une individualité humaine. Le nègre n'est pas encore une personne au XVIIIe siècle, encore moins un personnage : la société des Lumières le voit comme un petit être curieux ou amusant, mais elle ne reconnaît pas en lui son semblable.

Le bon bamboula républicain du théâtre révolutionnaire[1]

Alors que la scène élisabéthaine avait fourni le personnage d'Othello et que le théâtre du siècle d'or espagnol promulguait des héros comme celui d'*El valiente negro de Flandres* de Claramunte, le théâtre du XVIIe siècle français était resté fermé à l'homme noir, n'acceptant guère que l'allure du négrillon empanaché, déguisement qui participait de l'exotisme de quelques « ballets maures » dans les fêtes de cour et les comédies dansées, comme *Le Sicilien ou l'amour peintre* de Molière. Le théâtre des Lumières ne lui consacra pas plus de place : deux personnages noirs chez Marivaux, dans *La Dispute*, pour servir une intrigue qui veut que des enfants aient été élevés à l'état sauvage, en dehors de la civilisation et n'aient donc connu d'autres êtres que ces serviteurs dont la couleur garantit l'état de nature... et, dans le vaudeville naissant, quelques personnages de négrillons boute-en-train qui dansent et provoquent le rire tant ils triturent la langue française. Mais on ignore l'Africain, et l'esclave noir reste dans l'ombre. Intérêts économiques et enjeux politiques ont rendu le sujet tabou à la scène. Le théâtre, dont la créativité est déjà considérablement muselée par le monopole de la Comédie-Française, se heurte aux groupes de pression des colons qui font facilement interdire les sujets noirs et préfèrent maintenir l'opinion publique dans l'ignorance. Tous les moyens sont bons pour empêcher les idées abolitionnistes de se répandre...

Cependant, après la Révolution qui avait amené la libération des théâtres en 1791 et finalement l'abolition de l'esclavage en

1. Paru dans *Cahiers de sociologie économique et culturelle*, revue internationale n°28, Institut havrais de sociologie, décembre 1997.

1794, on vit fleurir des pièces qui servaient la propagande anti-esclavagiste afin de faire admettre le bien fondé de l'abolition dans l'opinion publique. La scène admit alors des personnages noirs. Mais loin de servir son propre destin, l'image du Noir au théâtre se mit a servir l'idéologie républicaine. Aucune place pour un héros libérateur sur les planches. En revanche, le théâtre de la Révolution fabrique un cliché qui aurait une vraie postérité : celui du « bon nègre », ce grand enfant rigolard et lourdaud, que l'on confond avec sa musique exotique, ce « bamboula » insouciant et tellement sentimental.

L'esclave nègre entre en scène

Il faut attendre le fameux décret Le Chapelier et la libération des théâtres, le 13 janvier 1791, pour voir apparaître sur la scène l'image de l'esclave nègre, cette vulgaire marchandise soumise aux caprices d'un maître.

On s'empresse de monter à la scène le célèbre roman de Bernardin de Saint-Pierre qui avait tant ému les abolitionnistes lors de sa parution en 1787. Dès le 15 janvier 1791, les Comédiens Italiens jouent la première de *Paul et Virginie*, d'après une adaptation qui avait été publiée en 1789.[1] L'auteur, il s'agit de Favières, préfère alors rester anonyme. Mais le public accueille très favorablement la pièce, et les critiques, comme celui de la *Chronique de Paris*, voient en elle une comédie d'un goût nouveau qui offre de "jolis tableaux", "un style naïf et plein de chaleur", "des décorations pleines de fraîcheur et de vérité".[2] Bien sûr les détracteurs ne manquèrent pas dans la presse conservatrice. Cependant, comme le signale le même journal dans son numéro du 19 janvier, grâce à la toute nouvelle liberté des théâtres, le public osa déchirer en pleine représentation l'article de Ducret-Dumesnil qui ridiculisait le spectacle.

---

1. Edmond Favières, *Paul et Virginie*, comédie en trois actes et en prose, mêlée d'ariettes, représentée pour la première fois par les Comédiens Italiens, le 15 janvier 1791, Brunet, Paris, 1791.
2. *Chronique de Paris*, 17 janvier 1791.

Néanmoins, les attaques de Favières contre l'esclavage restaient très légères. Il s'agissait surtout de valoriser l'altruisme et la bonté pure des enfants, en exaltant les grands principes rousseauistes. Le bon nègre Zabi qu'ils parviennent à sauver, ne cesse de louer leur gentillesse : "Grand merci ; avez bons cœurs, et vous êtes blancs... Oh ! bon petits !" (Acte I, scène 2)

En fait Paul et Virginie lui redonnent goût à la vie et lui prouvent que tous les Blancs ne sont pas des colons ; certains peuvent même avoir de la compassion et se comporter en sauveurs : "Je fuis le maître qui a vendu moi à un Français qui part demain pour pays à lui, je voulais me noyer, mais voyant qu'il y a bons blancs dans notre île, il ne faut pas mourir." (I,2) Ils sont d'ailleurs si prévenants à son égard, qu'ils lui rappellent ses enfants : "Même âge ! eux soigner Zabi comme leur père ; moi pleurer voyant leur jeunesse, crois voir à moi petits enfants... Pauvre Zabi !" (Acte 1, scène 2)

La monstruosité de l'esclavagiste est incarnée par le bourru maître Dorval dont "l'air méchant" effraye Virginie. Mais les deux petits défenseurs du droit et de l'égalité, véritables émissaires du gouvernement révolutionnaire, tiennent tête au monstre.

Le drame de l'esclavage ne semble finalement pas si difficile à résoudre, il suffit d'un peu d'humanité et les enfants parviennent à obtenir l'affranchissement de Zabi. De plus le sujet ne concerne que le premier acte, car si Zabi représente le bon vieux nègre infortuné, Domingue est certes présenté sous les traits d'un Noir, mais il apparaît comme un simple domestique dont le langage ne porte pas l'atrophie caractéristique du petit-nègre. En fait l'esclavage est envisagé surtout comme un des derniers vestiges de l'ordre ancien et ne saurait tarder à disparaître grâce à ces enfants de la patrie qui, malgré leur naissance différente, s'unissent pour renverser la tyrannie.

Un premier rôle : le nègre reconnaissant

Une fois l'abolition proclamée par le commissaire civil Sonthonax à Saint-Domingue vers la fin du mois d'août 1793, le processus paraît irréversible ; la promulgation d'un décret abolissant l'esclavage dans toutes les colonies se fait imminente. Trois représentants, un Blanc, un Noir et un mulâtre sont délégués auprès de la Convention pour obtenir l'homologation de l'émancipation proclamée par Sonthonax.

Les théâtres font figure de véritables tribunes où se jouent des plaidoyers en faveur de l'abolition de l'esclavage. Tout se passe comme si ces pièces étaient destinées à gagner l'opinion publique à la cause des Noirs et à ouvrir les yeux des colons, à leur faire prendre conscience que leur inhumanité les perdra, mais que, s'ils savent être humains, ils ne le regretteront pas, car la reconnaissance du bon nègre est sans borne, il est généreux et a le sens du sacrifice.

En effet, le voilà le premier grand argument abolitionniste : la reconnaissance du nègre envers son libérateur. Le premier héros noir du théâtre français devait donc être un nègre affranchi débordant de gratitude pour le Blanc son sauveur. Il s'agit d'une pièce en un acte de Guillemain : *Le Nègre aubergiste*, représentée au Théâtre du Vaudeville quelques jours après la proclamation de Sonthonax et dont il y a fort à parier que ce soit une commande, histoire de préparer l'opinion publique au futur décret. Selon l'auteur lui-même, plusieurs vaudevillistes avaient collaboré à l'écriture, notamment Barré et Desfontaine. Elle tint d'ailleurs l'affiche plusieurs mois jusqu'à la fête de l'abolition en mars 1794, qui célébrait le décret pris par la Convention le 4 février.[1]

La pièce se présente comme un "fait historique" qui se serait déroulé dans un port des Amériques. Antoine, le personnage principal, est un nègre affranchi à la tête d'un petit commerce : "L'Auberge de la Reconnaissance". Il a à son service deux domestiques qui ne tarissent pas d'éloges à son sujet :

BASILE : Queu dommage, si un nègre comme ça était resté esclave ! Que de bien qu'il a fait, qu'il n'aurait pas pu faire !

---

1. Charles-Jacob Guillemain, *Le Nègre aubergiste*, fait historique, en un acte et en prose, mêlé de vaudevilles, représenté pour la première fois à Paris sur le Théâtre du Vaudeville le 3 septembre 1793, Cailleau, Paris, 1793.

BABET : C'est vrai, qu'il est la bonté même. (scène 1)

Il les considère comme ses enfants et refuse qu'ils l'appellent "not' maître". Il veut même les marier, souhaite que leurs enfants fassent "dans leurs jeux innocents, sourire (sa) vieillesse" (scène 3) et va jusqu'à assurer leur avenir.

Dumont, un ancien propriétaire de plantation est venu s'installer à l'auberge, il est aujourd'hui ruiné et aucun des riches colons de l'île ne veut l'aider. Antoine reconnaît en lui l'ancien maître qui l'a affranchi et qui préféra l'humanité à la fortune. C'est pourquoi il décide de lui assurer une rente.

En fait il monte tout un stratagème pour qu'on ne sache pas que c'est lui qui apporte un soutien financier à son ancien bienfaiteur ; comme il dit : "Ne suffit pas de rendre service à Monsieur Dumont : faut encore manière de lui rendre. Puisse amour propre à lui nullement souffrir ! C'est à quoi faut faire attention, quand on oblige !" (scène 8) Décidément, Antoine ne manque pas de savoir-vivre, il mêle la délicatesse à la gratitude et les couplets du vaudeville final font de lui un vrai modèle :

"Jadis ta main brisa mes chaînes :
Reconnais ton vieux serviteur,
Permets que soulage les peines
De celui qui fit mon bonheur,
Bien faible est ma reconnaissance
Du bien que tiens de ta bonté ;
Moi ne t'offre que l'existence,
Toi m'as donné la liberté." (scène 8)

Il faut dire que l'ombre du nègre qui, une fois libre, poignarde dans le dos son maître bienfaiteur avait largement frappé les imaginations. Les images les plus sanglantes étaient brandies par les colons qui ne cessaient de rappeler les événements de 1791 : les nègres libres avaient rejoint l'armée de Biassou, avaient incendié le Cap et étaient passés à l'ennemi. La campagne de dénigrement avait profondément atteint l'opinion publique ; on retrouve encore cette préoccupation jusque dans le compte rendu de la fête de l'abolition que publie la *Feuille du Salut Public* :

"L'ingratitude qu'on leur reprochait, comme un vice inné, n'effraie pas leurs libérateurs. En effet, on les a vus aussitôt marcher à la Convention pour y faire serment de reconnaissance et de fidélité à la République, ils y ont déposé le drapeau en signe d'une éternelle alliance. Ils ont demandé que l'heureux républicain qu'on choisira pour aller proclamer en Amérique l'abolition de l'esclavage, y paraisse sous ce drapeau dont le seul aspect changera les destinées du nouveau monde."[1]

Enterrons l'esclavage !

La fête de l'abolition fut l'occasion de plusieurs spectacles et manifestations théâtrales qui avaient certes pour but de célébrer l'événement, mais aussi d'instruire le peuple, de galvaniser la foule en exacerbant sa fibre patriotique, et d'exalter les valeurs républicaines en faveur de l'union retrouvée. Gassier fit, dans ce contexte, représenter au Théâtre des Variétés Amusantes une pantomime patriotique, intitulée *La Liberté des nègres*.[2] Elle donnait à voir une plantation des Antilles, mettait en scène des esclaves amoureux et surtout un maître d'une grande ouverture d'esprit qui accueillait favorablement le décret d'abolition que deux députés de la Convention apportaient dans l'île.

Mais le spectacle de Gassier était surtout le prétexte de reprendre "La liberté de nos colonies", ce vaudeville républicain que le citoyen Piis avait composé pour la section des Tuileries le 20 pluviôse en l'honneur du décret et d'entonner en cœur :

"Le saviez-vous, Républicains,
Quel sort était le sort du nègre,
Qu'à son rang, parmi les humains,
Un décret nouveau réintègre ?
Il était esclave en naissant,
Puni de mort pour un seul geste !...

---

1. *Feuille du Salut Public*, numéro du 3 ventose de l'an II de la République.
2. J.M. Gassier, *La Liberté des nègres*, pantomime patriotique, représentée pour la première fois sur le Théâtre des Variétés Amusantes le 2 mars 1794, Citoyenne Toubon, Paris, 1794.

On vendait jusqu'à son enfant !...
Le sucre... était teint de son sang !...
Ah ! daignez m'épargner le reste. (bis)

De vrais bourreaux altérés d'or,
Promettant d'alléger les chaînes,
Faisaient, pour les serrer encor,
Des tentatives inhumaines ;
Mais contre leurs complots pervers
C'est la nature qui proteste...
Deux peuples, en brisant leurs fers
Ont, malgré l'espace des mers,
Fini par s'entendre de reste. (bis)[1]
....

On ne saurait malgré tout oublier que le décret d'abolition s'était finalement imposé à Sonthonax comme l'ultime solution pour rallier les nègres révoltés de Saint-Domingue, et empêcher qu'ils ne passent dans le camp espagnol. C'est pourquoi les couplets du vaudeville ne manquaient pas d'exhorter avec violence à une lutte solidaire contre l'ennemi commun : peuple français et peuple nègre, même combat !

"Tendez vos arcs, nègres-marrons,
Nous allons enflammer nos mèches...
Comme elle part de nos canons,
Que la mort vole avec vos flèches.
Si des royalistes impurs
Chez nous, chez vous portent la peste,
Vous dans vos bois, nous dans nos murs,
Cernons ces ennemis obscurs
Et nous en détruirons le reste."[2]

---

1. Citoyen Piis, *La Liberté de nos colonies*, Vaudeville républicain, chanté à la section des Tuileries, le 20 pluviose de l'an II de la République, Fonds Rondel 19260.
2. *Ibid.*

Le spectacle servait sans ambiguïté la propagande révolutionnaire qui orchestrait toute la fête : il s'agissait d'enterrer l'esclavage pour mieux déterrer la hache commune de la guerre et faire front ensemble contre les ennemis de la République.

Durant les mois qui suivirent les festivités, une pièce intitulée *Les Africains ou le triomphe de l'humanité*,[1] dont Larivallière était l'auteur, fut jouée sur les principaux théâtres de la République comme pour prouver au peuple le bien fondé du décret d'abolition et l'œuvre humanitaire de la République.

L'action se passe dans une île au large des côtes d'Afrique, un navire négrier vient d'accoster, apportant des nouvelles de métropole. On perçoit ainsi dès la première scène la valeur didactique de la pièce. Dausier, le second capitaine du navire raconte à Comptar, le chef d'un des comptoirs de l'île, les événements révolutionnaires qui viennent de bouleverser la France :

COMPTAR : Vous êtes le premier Français qui a porté toutes ces nouvelles à la Côte d'Or. Je suis bien curieux de revoir ma patrie.

DAUSIER : Mais vraisemblablement vous y reviendrez bientôt.

COMPTAR, *avec vivacité* **:** Et pourquoi si promptement ?

DAUSIER : Lorsque nous sommes partis, la traite était à la veille d'être supprimée.

COMPTAR, *d'abord surpris, puis en colère* **:** Supprimée ! Comment, supprimée ? Ce serait une horreur, une abomination, éteindre le commerce ; ah ! cela seul gâterait tout ce que vous avez fait.

DAUSIER, *à part* **:** Parce que cela diminue ses richesses. Les hommes jugeront-ils toujours par leurs intérêts ?

---

1. Larivallière, *Les Africains ou le triomphe de l'humanité*, comédie en un acte et en prose représentée pour la première fois sur le Théâtre Français de la République en vendémiaire an III, Meurant, Paris, 1795.

COMPTAR : La France serait ruinée, vous y seriez tous pauvres : plus de fortune, plus de café, plus de sucre, plus de bonheur.
DAUSIER : Croyez qu'il n'est pas un homme sensible qui sacrifie sans peine de frivoles jouissances qui coûtent si cher à l'humanité. (Scène 1)

Ce prologue qui ouvre la pièce en opposant le mercantilisme du trafiquant insensible à l'humanité du capitaine compatissant, ne fait qu'installer le contexte politique et prépare la fin où l'on viendra annoncer l'abolition officielle de la traite. Quant à l'histoire elle tend à montrer que la décision prise par la Convention, au nom de la collectivité, est bien représentative de la volonté populaire.

Pour la première fois sur scène, un nègre y joue le rôle d'un sage. Au lieu d'ânonner le petit-nègre de l'esclave, il a la parole d'un prophète de la liberté, il parle au nom de l'égalité et de la raison. Et à force de soutenir les grands mots d'ordre révolutionnaires, il finit par convaincre le capitaine négrier de son erreur :

AGA : Vous êtes étonné de trouver chez un noir quelques préceptes d'honneur ; vous nous croyez des brutes ; mais vos intérêts vous abusent ; nous avons un cœur, nous sentons comme vous ; vos richesses seules nous ont corrompus : jugez quel reproche vous avez à vous faire.
LE CAPITAINE, *à part* **:** Il a raison ; pour de faibles intérêts nous apportons le malheur chez eux.
AGA : Monsieur, vous êtes jeune encore, ouvrez les yeux sur ce commerce. *(Lui montrant les esclaves.)* Voyez ces malheureux, et demandez à votre cœur s'il est content de les avoir faits.
LE CAPITAINE : Quel trait de lumière ! Des remords s'élèvent dans mon âme.
(Scène 7)

Plein de repentir, le capitaine redonne la liberté à Aga qui venait de se vendre pour sauver son fils Zamor : "Puisse cette action réparer tout le mal que j'ai fait !" (Sc.7). Nouvel apôtre abolitionniste, il renonce à faire fortune, jure d'abandonner au plus vite "ce commerce abominable digne des nations barbares et non d'une société policée" (Sc.7) et déplore de ne pas avoir les moyens de libérer tous les esclaves du négrier puisqu'ils appartiennent à son armateur, quand... arrive la nouvelle providentielle du décret d'abolition !

La pièce eut beaucoup de succès auprès des révolutionnaires et assura la célébrité de Larivallière dont c'était la toute première œuvre. Il faut dire que, comme dans la pièce de Gassier, les Républicains sont les défenseurs qui volent au secours des nègres opprimés, et véritables archanges de la liberté, ils terrassent le démon de l'esclavage.

Le spectacle de la fraternité

En fait, la plupart de ces pièces qui se font le porte-parole d'une propapagande anti-esclavagiste n'abordent pas le problème directement et ne montrent pas sur scène un esclave qui peine sur les plantations d'une colonie des Antilles françaises. Le personnage du nègre aubergiste est un affranchi et l'esclavage n'est plus pour lui qu'un mauvais souvenir. Quant à Aga et son fils Zamor dans *Les Africains ou le triomphe de l'humanité*, ils ont seulement failli connaître la servitude. Les nègres des adaptations de *Paul et Virginie* sont en fuite, tandis que le bon Domingue apparaît comme un simple serviteur. Il est évident que le spectacle de la réalité de l'esclavage dérange.

Si l'on daigne en parler, voire s'en moquer, la vie des planteurs aux Antilles et leurs pratiques esclavagistes ne sauraient être représentées. Dans une comédie intitulée *Honorine ou la femme difficile à vivre*,[1] Radet dénonce en badinant les mauvais traitements que certains planteurs

1. Jean-Baptiste Radet, *Honorine ou la femme difficile à vivre*, comédie, en trois actes et en prose, mêlée de vaudevilles, représentée pour la première fois au Théâtre du Vaudeville, le 25 pluviose, an III, Paris, 1797. Consultée in *Suite du répertoire du théâtre français*, pièces mises en ordre par M. Lepeintre, section "Vaudevilles", Veuve Dabo, Paris, 1823, tome IV, pp.279-403.

imposent à leurs domestiques, il s'agit d'une mauvaise habitude dont ne peuvent se défaire les colons, comme cette pauvre Honorine qui a ramené du Nouveau Monde le bon Zago, mais aussi un bien sale caractère :

MATHURIN :... elle est si fière, si hautaine !... Est-ce qu'elle a toujours été comme ça ?
ZAGO : Toujours. Père à elle, Américain beaucoup riche ; li avait là-bas camarade à moi grand nombre ; Honorine bien petite, déjà maîtresse tout à fait : commander, gronder tous, battre nègres souvent, et père à elle trouver bien.
MATHURIN : Pardine, je n'm'étonne plus s'il en a fait un si bon sujet... (Acte I, scène 2)

Pour Zago l'esclavage est donc aussi de l'histoire ancienne, c'est un jardinier sur le même pied d'égalité que les autres domestiques de la maison. Par ailleurs, en dépit de sa couleur, il vit les prémices d'une gentille aventure amoureuse avec la douce Louise.

Il apparaît ainsi moins difficile de montrer des amours mixtes que de représenter l'esclavage. L'essentiel est de donner à voir une image d'union dans laquelle se reconnaisse toute une nation. Noirs ou blancs, les citoyens sont tous frères, ils sont tous les enfants de la patrie.

Othello, champion de l'égalité raciale

En faisant jouer sur scène des personnages noirs, le théâtre cherche d'abord à faire admettre l'égalité. Le décret du 28 mars 1792 confirmait l'égalité des droits entre Blancs, mulâtres et Noirs libres. Mais les planteurs ne reconnaissaient pas la loi, et n'admettaient surtout pas que les Noirs puissent exercer un droit de vote quel qu'il soit. Voilà qui explique pourquoi la programmation d'une nouvelle pièce de Ducis, *Othello, ou le More de Venise*, au Théâtre de la rue de Richelieu, le 26 novembre 1792, prit l'allure d'un événement. Le jour même, la *Chronique de Paris* prend soin de préparer le public à la représentation :

"*On doit représenter aujourd'hui Othello au Théâtre de la République : le citoyen Ducis l'a imité de Shakespeare ; on sera peut-être étonné de voir le personnage principal, le Maure Othello, avec le visage de la couleur naturelle au climat qui l'a fait naître ; cela devait être quand on refusait aux hommes noirs de cette contrée le nom d'hommes : mais aujourd'hui, ils sont nos frères ; ils sont nos égaux en droits, et cette différence de couleur ne doit pas plus choquer dans nos spectacles et nos assemblées que la différence de la taille.*"[1]

Le *Journal de Paris* déployait le même enthousiasme en faveur de ceux qu'on appelait les frères de couleur, et encourageait l'opinion publique à balayer les préjugés de l'Ancien Régime en publiant le courrier d'un lecteur :

"*Je ne doute pas qu'il y a cinq ans les hommes de la cour se fussent moqués tout haut d'Heldémone, qui, jeune et belle, est amoureuse d'un More : mais les hommes du 10 août, dont la philanthropie a combattu pour donner aux mulâtres les droits de citoyens, n'exerceront point au théâtre l'aristocratie de la couleur ; et ils trouveront fort bon qu'une femme blanche aime un homme dont la couleur diffère un peu de la sienne, lorsque cet homme est beau, jeune et passionné.*"[2]

L'enjeu de ces articles consistait en réalité à persuader Talma, l'acteur chargé du rôle, de se grimer en Africain. Talma était alors le comédien vedette du Théâtre de la République et il faut croire qu'accepter le masque du nègre revêtait une valeur des plus symboliques. Il s'agissait quasiment d'une action patriotique et, à lire la *Chronique de Paris*, on en attendait pas moins d'un bon citoyen :

"*Ceux qui aiment ce qui se rapproche le plus de la nature, qui se plaisent à voir agrandir la carrière, et à considérer partout la destruction des préjugés, sauront gré à Ducis de n'avoir point dénaturé son ouvrage, en cédant à des considérations*

1. Jean-François Ducis, *Othello, ou le More de Venise,* tragédie, représentée pour la première fois sur le Théâtre de la République, Maradan, an II. *Chronique de Paris*, 26 novembre 1792.
2. *Journal de Paris*, 26 novembre 1792.

frivoles ; lui sauront gré de continuer à mettre autant de sévérité dans son costume que de vérité dans son jeu."[1]

Le talent de Ducis était alors particulièrement apprécié. Il venait dans les mois précédents de faire jouer avec grand succès *Roméo et Juliette*. Le public accueillit pourtant *Othello* avec un enthousiasme mitigé. La pièce fut applaudie, mais on lui reprochait d'être trop réaliste ou pas assez, de manquer de modération classique, et surtout de ne pas respecter la bienséance. Les critiques étaient fort partagés. Certains, comme celui du *Journal de Paris* affirmaient : "*Othello a cependant reçu des applaudissements, et il en méritait, non parce qu'on chante au dernier acte une très longue romance, parce qu'il y a un lit sur le théâtre et que tous les visages n'y sont pas de la même couleur ; mais parce que le fond de la pièce est intéressant.*"[2] Dans la *Chronique de Paris*, l'article s'ouvrait en ces termes : "*La tragédie d'Othello a produit le plus terrible effet.*"[3] Encore une fois le journal républicain prenait clairement position en insistant d'emblée sur l'héroïsme du personnage principal : "*Othello, brave Africain, que ses exploits ont fait connaître sous le nom de Maure, vient de sauver Venise en dispersant des révoltés armés contre elle.*"[4]

L'allégorie de l'égalité en noir et blanc

Avec la radicalisation du mouvement révolutionnaire puis l'installation de la Terreur, on attend de plus en plus du théâtre qu'il appuie le gouvernement républicain et impose en particulier le principe d'égalité entre les citoyens en tendant au peuple des images frappantes qui cristallisent l'imagination. C'est pourquoi les pièces qui présentent alors des personnages noirs évitent délibérément la référence au nègre, autrement dit à l'inférieur fait pour l'esclavage. Les personnages de Larivallière apparaissent d'abord comme des Africains. Les personnages

1. *Chronique de Paris*, 26 novembre 1792.
2. *Journal de Paris*, 27 novembre 1792.
3. *Chronique de Paris*, 28 novembre 1792.
4. *Ibid.*

noirs dans *Paulin et Virginie* de Dubreuil,[1] une autre adaptation du roman de Bernardin de Saint-Pierre représentée au théâtre de la rue Feydeau en 1794, ne sont jamais présentés comme nègres ou négresses, le mot disparaît même complètement de la pièce. Dans *Le Nègre aubergiste* de Guillemain, on ne retrouve le terme que dans le titre et les allusions aux passé d'Antoine, les autres personnages parlent du nègre affranchi en disant "le citoyen Antoine". Quand Dumont interroge Babet sur son maître, elle répond en affirmant qu'elle ne remarque pas en lui de différence :

"Je n'me remets pas ben sa couleur...
N'soyez pas surpris d'mon langage.
J'vois tant d'bell's choses dans son cœur,
Que je n'prends pas garde à son visage."
(Scène 4)

Antoine voit en ses serviteurs des enfants et en son ancien maître un père. Préjugés et hiérarchie sont nivelés ; bien que noir, l'aubergiste se découvre une famille blanche et s'exclame : "Amis, moi heureux ! jusqu'à présent seul sur terre ; aujourd'hui trouver famille à moi" (Sc. 8). Et c'est un hymne à la fraternité universelle qu'il chante dans le vaudeville final :

"De nous tous nature est la mère,
Sa devise est diversité,
Mon teint, qui, du vôtre diffère,
Nous prouve sa variété :
Mais nous savons reconnaître un frère,
Sous l'une et sous l'autre couleur,
Partout où nous trouvons un bon cœur."
(Scène dernière)

On retrouve le même discours chez Aga, dans *Les Africains ou le triomphe de l'humanité*, qui affirmait : "Ne sommes-nous pas

---

1. Alphonse C. Dubreuil, *Paulin et Virginie*, opéra en trois actes, représenté sur le Théâtre de la rue Feydeau le 24 nivôse de l'an II de la République, Huet, Paris, an II, 1794.

frères ?... Les climats changent l'extérieur des hommes ; mais leur cœur est partout le même" (Sc. 2). Dans *Honorine, ou la femme difficile à vivre*, Derville surprend Zago et Louise en pleine idylle, mais loin d'être étonné, il encourage leur inclination : "Nature en vous créant l'un et l'autre de couleur différente, vous a donné un caractère également doux, un cœur également bon ; vous devez vous plaire ensemble." (Acte II, sc. 3)

En fait il s'agit moins de défendre la cause des nègres que d'utiliser l'image de constraste au profit de la propagande républicaine. Quelle image peut mieux représenter l'égalité universelle entre les hommes que le rapprochement du Noir et du Blanc. L'iconographie révolutionnaire ne manque pas d'exploiter ces effets de couleurs, tandis que les journaux la proclament : "*La liberté est la propriété inaliénable et universelle du genre humain blanc ou noir. Ce n'est point à la couleur, c'est à l'être raisonnable qu'elle est essentiellement inhérente. C'est le premier droit de l'homme dans tous les temps et partout d'être l'égal d'un autre homme*".[1]

Le Noir qui embrasse son frère blanc produit une image allégorique que récupèrent les peintres de la propagande révolutionnaire. Une gravure de Decrès illustre tout à fait les situations reproduites au théâtre ; elle représente une femme vêtue d'une toge blanche et d'une ceinture tricolore qui tient deux cœurs dans la main gauche et protège de la main droite deux enfants enlacés, l'un est noir l'autre blanc et tous deux piétinent un serpent à trois têtes.

Le personnage du Noir acquiert alors une dimension symbolique qui transcende sa condition, il devient le porte-parole des valeurs républicaines et le défenseur de l'union nationale. Le discours du sage Aga à la fin de la pièce de Larivallière exalte le credo républicain de l'union nationale dans l'égalité et la vertu :

AGA : C'est le crime qu'il faut craindre. Sois toujours vertueux, suis les lois de ton cœur et celles de la nature. Ne te

---

1. *Feuille du Salut Public*, numéro du 3 ventose an II de la République.

laisse point abattre par le mépris ; songe que c'est l'arme des sots, qu'un homme en vaut un autre, et que le meilleur est celui qui a rendu le plus de service à sa patrie.

LE CAPITAINE : Quelle leçon ! Elle est digne d'un républicain.

(Scène 7)

Voilà un dialogue qui n'est pas sans rappeler la légende d'une autre gravure révolutionnaire représentant la raison sous la forme d'une femme qui met de niveau l'homme blanc et l'homme de couleur :

« Les mortels sont égaux, ce n'est pas la naissance,
C'est la seule vertu qui fait la différence. »

Et ne croirait-on pas entendre encore une fois le couplet final du vaudeville républicain de Piis, que Gassier avait repris dans sa pantomime :

"Américains, l'égalité
Vous proclame aujourd'hui nos frères :
Nous avions à la liberté
Les mêmes droits héréditaires ;
Vous êtes noirs, mais le bon sens
Repousse un préjugé funeste...
Seriez-vous moins intéressants ?
Aux yeux des républicains blancs,
La couleur tombe... et l'homme reste."[1]

On comprend alors pourquoi le théâtre révolutionnaire s'attache à représenter l'union du Noir et du Blanc, que ce soit par des couples d'amoureux, Othello et Heldémone, Zabi et Babet, Zago et Louise, ou en nivelant les différences sociales entre les Noirs et les Blancs. Qu'il s'agisse d'Antoine, de Zabi, d'Aga ou de Zago, ces nègres apparaissent comme des hommes du peuple ; Zabi fait sa cour à Babet avec la gaucherie d'un valet de comédie, Zago séduit Louise à la manière d'Arlequin.

---

1. Le Citoyen Piis, *op. cit.*

De plus, si Antoine, Zabi ou Zago parlent petit-nègre, leurs partenaires blancs ont un langage très populaire et le petit-nègre apparaît alors comme un simple particularisme régional, un patois comme un autre.

Dans *Le Nègre aubergiste*, la scène d'exposition est assumée par les deux serviteurs dont la conversation trahit une origine populaire très marquée. Leurs répliques multiplient les ellipses et les tournures asyntaxiques : "Le v'là qu'arrive", "not' bon monsieur Antoine", "queu dommage"... De toute évidence, cette première scène prépare l'oreille du spectateur qui ne pourra que relativiser en entendant, à la scène suivante, Antoine massacrer la langue française. Finalement le baragouin des domestiques blancs, n'a rien à envier au petit-nègre !

On retrouve le même procédé dans la pièce de Radet. Zago et Mathurin, tous deux domestiques de la méchante Honorine exposent la situation au cours d'un dialogue qui permet au spectateur d'apprécier leurs accents respectifs. Si Zago baragouine, Mathurin s'exprime comme le fameux Pierrot du *Dom Juan* de Molière.

Radet renforce l'égalité entre les deux personnages en leur donnant la même spécialité professionnelle. Ils sont jardiniers, mais Zago accomplit à présent le travail que le vieux Mathurin ne peut plus faire. A cela s'ajoute une certaine complicité ; les deux jardiniers plaisantent et se plaignent ensemble du mauvais caractère de leur maîtresse :

MATHURIN :...Queu démon avec sa jolie petite mine et ses yeux doux... A propos, all' t'avait taillé d'la besogne hier... Mais il n'y paraît plus.

ZAGO : Non, moi tout raccommodé.

MATHURIN : Morgué, ça allait ben... Les fleurs arrachées, les pots cassés, les caisses renversées... et ça parce qu'on n'les plaçait pas assez vite sous ses fenêtres... Mais queu fantaisie à Monsieur Derville d'aller épouser une femme d'Amérique ! (...)

ZAGO : Honorine pas aimée de Mathurin.

MATHURIN : Oh ! j'l'i tiens tête, je n'suis pas si endurant que toi : de temps en temps tu attrapes queuq' bonnes taloches.

(Acte I, sc. 2)

Le sujet de la pièce n'est pas l'esclavage et si Zago subit de mauvais traitements, ils ne sont dus qu'aux excès d'une "femme difficile à vivre". D'ailleurs ces coups deviennent même un sujet de plaisanterie et Zago s'en amuse en chantant.

Finalement aucune de ces pièces n'aborde directement le problème de l'esclavage. Loin de le montrer et de dresser contre lui un réquisitoire, elles s'empressent de l'enterrer et de jouer sur ses cendres le spectacle de la fraternité. Il s'agit moins de s'apitoyer et de condamner, que de fêter la réconciliation du Blanc et du Noir, symbole suprême de l'unification nationale. Encore une fois, le Noir prête son image au profit d'une représentation allégorique, celle de l'égalité universelle.

Le nègre bon enfant

Aussi, non seulement les nègres de ce théâtre ne sont-il pas esclaves, mais ils respirent la joie de vivre et convoquent sur scène rires, danses et chansons.

La comédie de Favières est mêlée d'ariettes et dès la première scène, Virginie chante à Paul une chansonnette créole que lui a apprise Domingue. Par la suite, la troupe de Noirs qui accourent pour aider les enfants à passer le ruisseau ne manque pas bien sûr de chanter et de danser au son des tambourins. Quant à l'adaptation de Dubreuil, elle nous plonge aussi d'emblée dans la bonne humeur avec cet hymne de Domingo :

"Chagrin ne mène à rien de bon ;
Chagrin est un vrai lent poison.
On meurt jeune avec la tristesse ;
On vit mieux avec l'allégresse.
Etre content gai, bien portant,
C'est mon trésor, c'est ma richesse.

Etre content, gai, bien portant,
C'est le seul bien qui m'intéresse.

Dans mon pays être un proverbe,
Qui dit qu'en un palais superbe
N'avoir jamais tant d'agrément

Que sous un palmiste en plein champ :
C'est que dans l'un règne tristesse ;
Et sous l'autre règne allégresse.

Refrain

A tort on prend souci d'avance :
Pour moi, dès ma plus tendre enfance,
N'avoir jamais eu ce défaut,
Le mal venir toujours trop tôt :
Quand moi venir la tristesse,
La chasser avec l'allégresse."

Refrain
(Acte I, scène 7)

Le nègre incarne l'insouciance et la légèreté. Sa condition ne paraît guère ici le préoccuper. On retrouve le même entrain chez le nègre aubergiste. Ce sémillant patron amuse la galerie en exécutant un menuet et provoque les éclats de rire : "Eh ! Eh ! Eh ! Il est drôle le citoyen Antoine !" (Sc. 3). En dehors d'Aga, le vieux sage des *Africains ou le triomphe de l'humanité*, le personnage du nègre a tout de l'amuseur ou du bon naïf. Zago, "bon enfant, bon diable" (III,3) comme il se définit lui-même, le seul à pardonner la violence de sa maîtresse, semble néanmoins très content de son sort et donne le ton dès l'ouverture de la pièce :

"Ici vivre à gogo
Chacun aimer Zago,
Maîtresse un peu méchante ;
Mais bon maître si doux !
Li fesait bien à tous :
Moi, point souci, jamais chagrin,
Chanter toujours joyeux refrain,
Et cœur tranquille, âme content,
Donner gaîté,
Santé." (bis)
(Acte I, sc. 1)

L'allégresse est sa devise, pour chasser la tristesse et consoler sa jeune amie Louise, il chante et danse autour d'elle "à la manière des nègres" précise la didascalie (Acte II, scène 2). Car le brave jardinier est aussi le maître du galoubet et du tambourin. Tout le monde compte sur lui pour faire danser la noce, et il chante à tue-tête avant que l'ombrageuse Honorine ne l'enferme dans la bibliothèque à la fin du deuxième acte.

On ne tient pas manifestement à voir dans le nègre un personnage grave et vindicatif, à tel point qu'Othello, héros tragique torturé par la jalousie, et sans doute trop ténébreux pour être noir (si on peut dire !), ne tint pas longtemps l'affiche. On lui préféra *Arlequin Cruello*, la parodie de Radet, Desfontaines et Barré qui fut programmée durant plusieurs mois au Théâtre du Vaudeville.[1] Cruello a perdu la fougue du guerrier noble et fort pour devenir un personnage bonhomme. Quand le père de Doucelmone lui demande son secret, autrement dit comment il est parvenu à séduire sa fille "avec un visage aussi noir !", il lui chante :

"Oui, noir, mais pas si diable,
Beau-père entends raison ;
Si ta fille est aimable,
Je suis un bon garçon."
(Acte I, sc. 3)

Cruello est passé maître dans l'art du divertissement ; voilà son secret : puisqu'il n'est pas beau, il joue les Arlequin, et se montre amusant et blagueur en toutes circonstances.

En définitive, tant qu'il est pacifique, drôle et enjoué, bref tant qu'il répond encore aux critères du "bon petit nègre", le personnage noir peut occuper la scène. Aussi ne saurait-il conquérir de lui même sa liberté. C'est le Blanc qui du haut de

---

1. Jean-Baptiste Radet, François-Georges Desfontaines et Pierre Barré, *Arlequin Cruello*, parodie *d'Othello*, en deux actes, représentée pour la première fois sur le Théâtre du Vaudeville, le 13 décembre 1792, Librairie du Vaudeville, an III.

sa magnanimité la lui concède. Zabi, comme Sara, est sauvé grâce à la bonté de Paul et Virginie. Aga et son fils Zamor échappent à l'esclavage en bénéficiant de l'attendrissement soudain d'un capitaine de négrier au grand cœur... Antoine doit sa liberté à la générosité d'un maître qui a accepté de sacrifier sa fortune au nom de l'humanité. Quant à l'émancipation de Zago, elle apparaît comme le fruit des lois de la République.

Aucun de ces personnages ne revendique sa liberté, mais tous la reçoivent comme un cadeau inespéré. Pas de rancœur, pas de rancune, il ne reste au nègre que les remerciements et la reconnaissance, l'image de la réconciliation s'impose. Emancipation, fraternité, égalité, union... mais le rapport de dépendance est sauf. Le Blanc continue de revêtir aux yeux de l'opinion publique l'image du maître, puisque c'est lui qui décide de l'avenir du nègre.

Le premier nègre tragique

On comprend alors mieux pourquoi le drame de Pigault-Lebrun, *Le Blanc et le Noir*, représenté sur le Théâtre de la Cité en novembre 1795, ne remporta aucun succès. D'après ce que confie l'auteur dans sa préface, la pièce fut retirée de l'affiche après la troisième représentation :

"*Cet ouvrage qui durait neuf quarts d'heure à la représentation, a été entendu trois fois, sans le moindre signe d'improbation ; mais avec un silence désespérant pour l'auteur, trois fois les spectateurs ont pleuré, et fâchés probablement d'avoir pleuré, jamais ils n'ont voulu applaudir. Je me suis exécuté loyalement, et j'ai retiré la pièce.*"[1]

L'œuvre de Pigault-Lebrun se voulait la plus authentique possible et puisait dans les témoignages de l'Abbé Raynal.[2] La

---

1. Charles-Antoine Pigault-Lebrun, *Le Blanc et le Noir*, drame, représenté et tombé sur le Théâtre de la Cité, le 14 brumaire de l'an IV de la République, Mayeur-Barba, an IV. Voir également la réédition présentée et commentée par Roger Little, coll. "Autrement mêmes", L'Harmattan, Paris, 2001.

2. Dans la publication, Pigault-Lebrun avait mis en exergue une phrase de Raynal qui donnait le ton et l'esprit de sa pièce : "Quiconque

pièce montre des nègres et des négresses au travail, n'hésite pas à dresser de véritables réquisitoires contre les colons, et va jusqu'à admettre les velléités de révolte. "Je hais, je condamne l'esclavage : qu'est-il en effet qu'un outrage à l'humanité ? De quel droit un homme enchaîne-t-il un autre homme ? S'il a le droit de m'attaquer, j'ai donc celui de me défendre. Si je succombe sous ses efforts, j'ai du moins le droit de laver dans son sang la tache infamante dont il a flétri mon front", s'écrie Beauval, jeune idéaliste, fils d'un riche planteur de Saint-Domingue en butte contre son père qui a fait fortune grâce au travail des esclaves (Acte I, sc. 7).

Jamais le théâtre ne s'était permis un tel réalisme, d'autant que Pigault-Lebrun ne se contenta pas de décrire en laissant les spectateurs imaginer la réalité, il fit représenter sur scène des esclaves harcelés par un commandeur le fouet au poing et alla jusqu'à reconstituer une scène de marchandage.

Beauval a arraché Télémaque aux mauvais traitements que subissent les nègres sur les plantations en le prenant à son service. Cependant malgré un sort plus doux, Télémaque paraît toujours aussi malheureux. Son drame, c'est qu'il aime une esclave, Zamé. Mais quel est l'avenir d'un tel amour sans liberté ? La voir souffrir sous ses yeux lui devient insupportable.

Télémaque, qui prendra les reines de la révolte, a manifestement toute l'envergure d'un héros tragique. Noble et fier, il supporte mal l'humiliation de l'esclavage, mais il est aussi amoureux et vit un amour impossible : comment épouser une femme dont il redoute d'avoir des enfants. C'est la scène du marchandage qui fera tout basculer et allumera la haine au cœur de Télémaque. Enragé d'être considéré comme un vulgaire bestiau, dans la crainte d'être séparé de celle qu'il aime, sa jalousie s'enflamme quand il apprend que Monsieur Barthélémi est le commanditaire d'un jeune homme qui convoite Zamé.

---

s'efforce de justifier le système de l'esclavage, mérite du philosophe un profond mépris, et du nègre un coup de poignard." Raynal, tome IV, p.225. Et il ouvrait la préface en précisant : "J'ai lu Raynal et j'ai écrit cet ouvrage."

Pigault-Lebrun soigne particulièrement le réalisme de son drame. Il a soigneusement évité le recours au petit-nègre, Télémaque et Zamé moins ignorants que leurs compagnons d'esclavage, maîtrisent parfaitement la langue, tandis qu'il met dans la bouche des autres nègres une transcription phonétique du créole des Antilles.

La souffrance de Télémaque n'a rien du drame isolé d'une pauvre victime de l'esclavage, elle est au contraire représentative du martyre de tout un peuple. Héros messianique de la liberté, Télémaque prend les allures d'un nouveau Moïse. Le troisième acte s'ouvre ainsi sur une véritable harangue :

TELEMAQUE : Je suis opprimé ; vous l'êtes comme moi. L'esclavage m'est insupportable ; vous devez en être las. Je brûle de me venger ; qui de vous n'en a pas le désir ? Si ce désir est légitime, qui doit, qui peut nous arrêter ? Ecoutez-moi. (...) Je ne vous parlerai pas des cicatrices dont vous êtes couverts ; je n'évoquerai pas les mânes de ces malheureux qui, incapables de supporter leurs maux et d'en punir les auteurs, se sont donné la mort, seule ressource que laissent à l'homme la faiblesse et la lâcheté. Je laisserai dans la paix du tombeau ces tendres enfants que des mères désespérées ont étouffés dans leur berceau. Non, je ne vous rappellerai pas des souvenirs cruels que le temps n'efface jamais. Cependant nos ancêtres, nos amis, nos femmes, nos enfants, l'Afrique enfin demandent vengeance et ne sont pas encore vengés ! Repentons-nous, unissons-nous, et que le cri LIBERTE se fasse entendre pour la première fois sur ce rivage détesté.

TOUS s'écriant : Libetté ! Libetté !

....

TELEMAQUE :... Nous n'avons pour nous que la justice de notre cause, une fureur aveugle, qui peut être impuissante, et si nous succombons, les plus affreux supplices nous sont réservés. Défendons-nous jusqu'au dernier soupir. Qu'une mort glorieuse soit au moins l'objet de nos derniers voeux. (...)

TOUS : Oui nous vlé libetté, ou mouri.

(Acte III, scène 1)

Télémaque a décidément les accents d'un véritable héros révolutionnaire. Ce n'est pas une simple révolte qu'il fomente, mais envisage déjà une république noire indépendante. On doit admettre que Pigault-Lebrun puisait avec précision dans la réalité historique et faisait preuve d'une clairvoyance sans égale en annonçant les événements qui allaient donner le jour à Haïti. Il y a du Toussaint dans son Télémaque.

Mais Télémaque ne serait pas un vrai héros s'il n'était aux prises avec un dilemme digne d'un homme de cœur. Il ne peut se résoudre à cacher au jeune Beauval l'attaque qui se prépare et le danger qu'il court.

Finalement l'entreprise des nègres a réussi. Au dernier acte, ils sont réfugiés dans les montagnes et l'armée des colons est en déroute. Télémaque a tué Mathieu et la haine qui bouillonne en lui ne semble pas prête de s'apaiser, malgré les paroles pacifistes de Zamé. Néanmoins, alors qu'il était à sa merci, Télémaque renonce à faire exécuter le père du jeune Beauval. Celui-ci, étonné par une bonté dont il n'avait jamais soupçonné l'existence chez un nègre, décide de partager ses biens avec Télémaque et ses hommes. La pièce s'achève sur des paroles de concorde et d'amitié.

La portée moralisatrice de la pièce paraît évidente. Les colons doivent pour leur bien renoncer à l'esclavage et reconnaître les Noirs comme leurs égaux, avant que toutes les colonies ne soient mises à feu et à sang.

Il y avait dans l'œuvre de Pigault-Lebrun sans doute trop de réalisme et d'idéalisme à la fois pour ne pas indisposer l'opinion publique. Non content de montrer la réalité sordide de l'esclavage et du travail sur une plantation, il fait des Blancs des personnages lâches et cupides. Le jeune Beauval est un velléitaire, qui, plein de bons sentiments, ne va finalement jamais au bout de ses intentions. Son père cherche avant tout à préserver son confort et se décharge de la sale besogne sur un économe frustre et borné. Les vraies valeurs sont du côté des Noirs.

Télémaque cumule tous les sentiments nobles, il aime avec passion, a de la dignité et le sens de l'honneur, souffre de la jalousie, se laisse aller à la nostalgie du pays natal et se montre aussi courageux que généreux et magnanime. Il a la force d'Hercule, la beauté d'Adonis, l'intelligence et l'envergure d'un chef. Mais il souffre, connaît le doute et la torture morale... Non ! voilà un héros bien trop séduisant pour être Noir ! Un personnage de nègre, aussi fascinant, déjà un peu romantique, ne peut qu'être conçu comme une hérésie dangereuse. Pigault-Lebrun doit renoncer à faire jouer sa pièce plus longtemps.

L'archétype du bon nègre

Vers 1797, l'ordre règne à nouveau sur Saint-Domingue ; guerre, incendies, massacres ne sont plus que de mauvais souvenirs. Mais à présent que la sérénité est revenue et que la République a eu raison de ses ennemis, ces événements fournissent au théâtre un sujet nouveau, un sujet tout trouvé pour galvaniser les citoyens et consolider l'union nationale.

De toute évidence, l'image que l'on veut garder du nègre, en dépit des événements sanglants du Cap, est celle du bon nègre soumis dont la candeur amuse. Celui qui a osé se révolter, on le laisse dans l'ombre, on ne prononce même pas son nom. Le nègre marron vindicatif qui a voulu prendre en main son destin en ouvrant la lutte contre le Blanc fait figure de tabou, on préfère ignorer son existence.

Depuis que Toussaint administre Saint-Domingue, le calme est revenu et l'économie coloniale panse rapidement ses plaies, le retour de la prospérité semble imminent. En se soulevant, les nègres avaient amené le désordre dans la colonie, mais quand ils eurent compris où était leur intérêt, la Convention n'eut pas à regretter sa clémence et sa décision d'accorder l'émancipation. Ces mêmes nègres qui avaient pris le maquis permirent à la République de reconquérir la colonie et de relancer l'économie en instaurant un ordre nouveau.

Béraud et Rosny firent alors représenter en 1797 sur le Théâtre de l'Ambigu-Comique une pièce manifestement destinée à sceller la concorde dans la joie. *Adonis ou le bon nègre*, plus ou moins adapté du roman de J.B. Picquenard, convoquait sur scène les événements historiques pour mieux exorciser l'image du monstrueux Biassou et laisser au contraire en mémoire celle du bon nègre qui donnerait sa vie pour sauver ses maîtres.[1]

Beraud et Rosny dressent un tableau idyllique de la vie aux colonies, sur une plantation où tout n'est qu'amour et harmonie, grâce à la bonne entente des maîtres et des esclaves. La pièce s'ouvre sur une fête qu'organisent les nègres en l'honneur de leur maîtresse. A l'ombre des palmistes et des bananiers, ils jouent du bamboula, agitent des calebasses, dansent et chantent en s'en donnant à cœur joie et sont littéralement en adoration devant Madame d'Hérouville, cette maîtresse au cœur d'or en qui ils voient une mère. Il faut dire qu'elle a tout d'une Madone : "Ils baisent de temps en temps ses mains, ainsi que celles de son enfant qui doit être devant elle" précise la didascalie (Acte I, sc. 5). Aussi pour témoigner à cette déesse de la vertu leur dévouement tout empreint de dévotion, lui offrent-ils des fleurs :

LINDOR, *avec éclat* **:** C'est fête à vous.
MADAME D'HEROUVILLE : Ma fête ?
MARINETTE, *montrant son bouquet* **:** Toute l'habitation venir la souhaiter à vous ; prends, prends bouquets-là... pureté, fraîcheur à li, c'est zimage à cœurs nous.
LINDOR, *montrant le sien* **:** Comme fleurs-là, nous voulé mourir avec vous.
MARINETTE, *montrant toujours son bouquet* **:** Si bon dié, qui fait soleil remplit nos désirs, vous jamais avoir soucis, ni peines.
(Acte I, scène 5)

En fait Madame d'Hérouville ne considère déjà plus ses nègres comme des esclaves, elle les appelle "mes amis", et comme elle s'inquiète de ne pas les voir au travail, elle leur demande : "Pourquoi n'êtes-vous pas au jardin..." (I, 5) Voilà une plantation qui rappelle les pastorales de Watteau !

---

1. Louis Béraud et Joseph Rosny, *Adonis ou le bon nègre*, mélodrame, en quatre actes, avec danses, chansons, décors et costumes créoles, représenté pour la première fois sur le Théâtre de l'Ambigu-Comique, le 23 fructidor de l'an VI, Glisau, Paris, an VI, 1798.

Mais cette parfaite harmonie est interrompue par l'arrivée tonitruante du sanguinaire Biassou à la tête de son armée de nègres révoltés. Il est décrit par les esclaves eux-mêmes comme un brigand cupide et luxurieux qui met à sac la colonie, multiplie les rapines. Heureusement, grâce au fidèle Adonis qui se sacrifie, la plantation sera sauvée.

Car Adonis a fait un serment à son maître et n'a de cesse de le renouveler tout au long de la pièce : "Avant que li toucher, il faut que terre boive tout sang d'Adonis" (I, 6), ou encore : "Peu importe à moi de mourir, pourvu que vous, bonne maîtresse, petit enfant soyez heureux, et que belle Zerbine pense au pauvre Adonis" (II, 2). Le dévouement aveugle de ce bon nègre atteint l'abnégation la plus totale.

Adonis finit par renier ses frères de couleur et choisit de trahir la confiance de Biassou pour permettre une attaque surprise (III, 6). On comprend finalement qu'être un "bon nègre", c'est être un traître, c'est savoir trahir les Noirs pour les Blancs, car la traitrise, comme le dit Zerbine à la fin de la pièce "c'est vertu quand c'est pour détruire brigands." (IV, 9)

La pièce s'achève comme elle avait commencé, dans la joie et la bonne humeur, au rythme des tambourins et des calebasses. Sous l'œil attendri de la famille D'Hérouville, les bons nègres jouent le bamboula. L'armée française a attaqué par surprise le campement de Biassou et grâce à l'héroïsme d'Adonis qui s'est battu vaillamment, le méchant Africain a été fait prisonnier. Tout est bien qui finit bien, par des rires et des chansons. Les bons maîtres peuvent distribuer les récompenses : reconnaissance, émancipation, donation et amitié :

MADAME D'HEROUVILLE, *prenant la mains d'Adonis* **:** Viens, Adonis ; tu as mérité, par ton courage et ta valeur, le titre de sauveur de la colonie.

D'HEROUVILLE : Oui viens avec nous passer le reste de ta vie ; tu seras notre ami, notre frère. (...) Je donne la liberté à tous les Noirs de mon habitation, vas leur porter cette nouvelle ; annoncée par toi, elle en aura plus de prix : dis-leur aussi que cette terre, qu'ils ont si longtemps labourée, est maintenant leur patrimoine, et que la vertu trouve toujours sa récompense.

(Acte IV, scène 9)

La bravoure du bon nègre, tel que le veut le Blanc, passe par une fidélité sans faille, un dévouement qui confine à la dévotion, une abnégation jusqu'au sacrifice de sa vie, et qui exige même de trahir ses semblables. Pas d'hésitation tragique chez Adonis, pas de tiraillement moral, ses réactions sont franches et immédiates : il saute de joie ou pleure à chaudes larmes, et ne connaît pas les douloureuses questions qui tourmentent un Télémaque. Tous les ingrédients du nègre modèle sont ainsi réunis, le théâtre s'est donné un moule : l'archétype du "bon nègre" est né.

* * *

Le théâtre de la Révolution avait enfin ouvert au Noir les chemins de la scène, mais l'ancien esclave allait-il pour autant jouer les héros révolutionnaires ? Difficile ! La révolte héroïque du nègre n'avait pas sa place au théâtre : comment en effet mettre en scène des situations où les Blancs devenaient à leur tour des victimes sans entretenir la haine et jeter à nouveau l'anathème sur le nègre ? L'audacieuse tentative de Pigault-Lebrun avait été désavouée par le public, et pourtant Télémaque restait un révolté très sentimental et le dénouement de la pièce offrait clairement des perspectives de fraternité. C'est que la révolte de Saint-Domingue avait ravivé de vieilles hantises, et on préférait voir un Noir qui, à force de douceur et de soumission, mérite d'obtenir des droits, à un Noir qui les revendique et conquiert sa liberté par la violence.

Qu'il s'appelle Antoine, Aga, Zago, Domingue ou Zabi, le nègre fait oublier sa couleur par sa bonté. Le duo de Louise et Zago dans *Honorine*... illustre bien le phénomène :

LOUISE
En toi, douceur, franchise,
Au yeux de ta Louise,
Efface ta couleur :
Oui, mon cher ton bon cœur
Adoucit ta couleur.

ZAGO
O Dieu quelle allégresse !
Douce et charmante ivresse !
Plus voir à moi couleur !
Eh ! quoi ! toi si bon cœur,
A toi moi fait pas peur !
(Acte II, sc.2)

Le spectateur peut enfin poser son regard sur le nègre, quand il apparaît tout nimbé de vertu et, contre toute attente, devient un modèle de mansuétude autour duquel se construit une allégorie d'union fraternelle qui sert parfaitement les idéaux républicains.

Avec Adonis, le théâtre ajoute les dernières touches au personnage du "bon nègre". Il a déjà la générosité d'Antoine, la sagesse simple d'Aga, le dévouement de Zago, et sous les traits d'Adonis il conquiert l'héroïsme de l'abnégation. La scène lui accorde l'héroïsme rassurant de celui qui trahit les siens et meurt pour son maître, faute d'admettre l'héroïsme révolutionnaire de celui qui tue son maître et libère les siens. C'est bien ici que "le bon nègre à son bon maître", selon la formule de Césaire,[1] trouve ses racines.

A travers les visées du discours démocratique de la Révolution s'est forgé, l'archétype du "bon nègre", un brave héros qui en plus des qualités morales qu'il représente apparaît toujours joyeux et accompagné d'inflexions musicales, avec lesquelles on finit par le confondre : "bon bamboula", bon enfant, boute-en-train, un cœur simple, un cœur d'or, et surtout incapable de vivre loin de son maître qu'il adore. Bref, toutes les qualités du meilleur ami de l'homme blanc...

---

1. Aimé Césaire, *Cahier d'un retour au pays natal*, rééd., Bordas, Paris, 1947.

Printemps 1824 : une hécatombe nègre dans les théâtres de Paris [1]

A l'époque du boulevard du crime, les échecs étaient sanglants, ils étaient à la mesure de l'effervescence que connaissait alors le théâtre, seul vrai média populaire, instrument d'information et de vulgarisation. Une pièce désavouée par le public « tombait » comme on tombe au champ de bataille et était sans tarder retirée de l'affiche. Le théâtre semblait ainsi avoir le pouvoir de prendre la température de la société. Les réprobations pouvaient se faire le révélateur d'un certain état des mentalités et traduire peut-être certains points de résistance face à des sujets que la société n'était pas encore prête à envisager.

L'histoire du boulevard du Temple est émaillée de ces échecs retentissants qui soulevaient l'opinion publique. Il en est un cependant qu'il nous paraît intéressant de relater, tant il ne s'est pas attaché à une pièce, mais avant tout à un sujet qui avait pourtant remporté un succès romanesque, et dont toutes les tentatives d'adaptation théâtrales devaient échouer ; à tel point que même la presse de l'époque avait tenté dans ses colonnes d'analyser et de comprendre ce rejet unanime et réitéré. L'histoire en question est celle d'*Ourika* dont les adaptations provoquèrent en 1824 une hécatombe dans les théâtres de Paris.

Un filon d'or noir...

Ourika était un roman de Madame de Duras qui avait remporté un grand succès dans les salons et les milieux littéraires de la Restauration. L'œuvre traitait du préjugé de couleur et du

1. Paru dans *Théâtre/Public*, n°141, mai-juin 1998.

malheur irrémédiable auquel il condamne, surtout quand on a cru pouvoir l'ignorer ; sujet qui nourrissait allègrement le sentimentalisme d'un romantisme conservateur, encore nostalgique des valeurs d'Ancien Régime. L'histoire pathétique d'Ourika avait été inspirée à Madame de Duras par une anecdote authentique qui s'était déroulée dans la maison de la maréchale-princesse de Beauvau.

Petite négresse arrachée dès l'âge le plus tendre à l'horrible sort qui lui était réservé sur un bateau négrier, Ourika est confiée à la maîtresse de maison d'une famille noble de haut rang qui l'élève comme son propre enfant. Ourika bénéficie d'une brillante éducation, et devient une jeune fille charmante et cultivée. Le roman raconte qu'elle surprend un jour une conversation à son sujet qui lui révèle l'indignité de sa naissance. Elle comprend que sa couleur la condamne à être rejetée de la société et à ne jamais trouver le bonheur puisqu'elle ne suscite que mépris ou pitié. Bientôt une autre révélation vient redoubler son affliction. En apprenant le mariage de Charles, le fils de sa bienfaitrice, Ourika découvre que ce qu'elle ressentait pour lui, et qu'elle prenait jusqu'alors pour une tendre amitié n'est autre qu'une passion amoureuse dévorante. Au comble du désespoir, elle tombe malade et échappe de peu à la mort grâce aux consolations de la religion. Elle entre alors au couvent et décide de vouer sa vie entière au seul amour pour lequel elle soit faite, celui de Dieu. Mais dans la réalité, elle meurt avant l'âge de vingt ans.

Le succès des malheurs d'Ourika dans les milieux aristocratiques à la mode atteignait de tels sommets que les théâtres du boulevard s'empressèrent d'en commander des adaptations pour la scène. Enfin un sujet nouveau, sentimental à souhait, qui plaît à la haute société et ne dérange pas le pouvoir ! Voilà qui devrait drainer un maximum de public, ne serait-ce que par curiosité, puisque ce roman qui faisait tant parler de lui n'avait pas encore été publié, et que seuls quelques exemplaires, imprimés à titre privé, circulaient dans les salons et les cercles littéraires.[1] De plus, à lire la presse de 1824, on doit admettre qu'une héroïne noire au théâtre représentait un événement sans précédent. Pour caractériser ce genre nouveau, les journaux parlaient de "nigro-drame", de "tableau à la manière noire". En quelques semaines on vit fleurir pas moins de quatre *Ourika* sur les scènes parisiennes. On adapta à tout crin le roman de Madame de Duras : vaudeville, comédie, drame... Mais autant d'adaptations, autant d'échecs : les *Ourika* tomberont les unes après les autres, jusque sur la scène de l'Odéon.

Petits fours pour jeune négresse

La rivalité des théâtres est telle que les deux premières adaptations d'*Ourika* sont créées en même temps, le soir du 25 mars 1824. L'une de Villeneuve et Dupeuty est représentée sur la scène du Gymnase dramatique, l'autre de Mélesville et Carmouche se donne au Théâtre des Variétés.

En fait, dès que s'était répandue la nouvelle que le comité de lecture du Théâtre-Français avait reçu une adaptation d'*Ourika*, les petits théâtres avaient voulu prendre de vitesse la scène nationale pour profiter avant elle du succès d'une œuvre qui faisait déjà beaucoup parler d'elle dans la presse. Les auteurs dramatiques s'étaient à leur tour rapidement mobilisés et, en une semaine, pas moins de trois *Ourika* avaient par exemple été présentées au comité de lecture du Gymnase.

Le drame finalement retenu et joué le soir du 25 mars n'était pas réellement une adaptation et ne reprenait du roman de Mme de Duras que l'argument de l'amour impossible d'une jeune négresse, élevée à l'européenne, pour un jeune Français dont le cœur est malheureusement pris ailleurs.[2]

---

1. Publiée en mars 1824, *Ourika* fut un best-seller : sept mille exemplaires vendus en un an, cinq éditions, plusieurs traductions. Cf. *Ourika*, présentation de Roger Little, University of Exeter Press, 1993.
2. Ferdinand Villeneuve et Charles Dupeuty, *Ourika, ou la négresse*, drame en un acte, représenté pour la première fois sur le Théâtre du Gymnase Dramatique, le 25 mars 1824, Pollet, Paris, 1824.

A en croire la critique la pièce fut très mal accueillie : "Ce drame a produit peu d'effet. Les spectateurs ne paraissaient pas disposés à s'attendrir",[1] peut-on lire dans *Le Diable boîteux* du lendemain. Le compte rendu de la *Pandore* n'est pas plus élogieux : "La représentation a été froide ; la négresse, quoique d'un beau noir, a paru pâle. (...) On n'a ni ri, ni pleuré."[2] Quant au *Courrier des théâtres*, il ironise méchamment sur le dénouement où l'on voit Ourika s'embarquer sur le vaisseau de Jack et faire cap sur l'Afrique :

"*Pour nous, il nous paraît bien douteux qu'il arrive à bon port, car aussitôt qu'il a paru en pleine mer, la foudre a grondé, l'orage a éclaté avec violence, le navire a été fortement ébranlé, et les sifflements... du vent nous ont permis à peine d'entendre le nom des nautoniers inhabiles qui s'étaient chargés de le conduire.*"[3]

Le drame de Mélesville et Carmouche,[4] créé le même soir, reprenait avec plus de fidélité l'histoire du roman, mais il ne souleva pas davantage d'enthousiasme. Selon *La Pandore*, les spectateurs n'ont pas été plus conquis par l'*Ourika* des Variétés : "leur opinion s'est manifestée par des bâillements et des sifflets".[5] Il faut croire qu'ils ont même exprimé leur mécontentement aussi bruyamment que les spectateurs du Gymnase, puisque le critique de *La Pandore* ajoute :

"*Les vents qui soufflaient au départ de la jeune négresse ne m'ont pas permis d'entendre le nom des auteurs. Il est probable que le calme renaîtra à la seconde représentation, mais il est à craindre que le navire d'*Ourika *ne puisse faire une longue station au répertoire.*"[6]

---

1. *Le Diable boiteux*, 26 mars 1824, n°86.
2. *La Pandore*, 26 mars 1824, n°255.
3. *Courrier des théâtres*, 26 mars 1824, n°1940.
4. Mélesville (Anne-Joseph Duveyrier, dit) et Pierre Carmouche, *Ourika, ou la petite négresse*, drame en un acte, mêlé de couplets, imité du roman, représenté pour la première fois sur le Théâtre des Variétés, le 25 mars 1824, Quoy, Paris, 1824.
5. *La Pandore*, 26 mars 1824, n°255.
6. *Ibid.*

Quelques semaines plus tard, le 3 avril 1824, De Courcy et Merle font à leur tour jouer leur drame, *Ourika, ou l'Orpheline africaine*[1] au Théâtre de la Porte Saint-Martin. Les journaux, comme *Le Diable boiteux*, ne manquent pas de souligner le phénomène de mode qui semble s'être emparé des théâtres :

"*Le Théâtre de la Porte Saint-Martin a donné, hier, son* Ourika *; car il paraît bien décidé que chaque théâtre aura la sienne, à moins pourtant que le public ne s'oppose enfin à cette traite de négresses entreprise par tous nos auteurs à la suite.*"[2]

Le drame reste très fidèle au roman, De Courcy et Merle y ont seulement rajouté un personnage de "bon nègre" dansant et chantant qui rappelle à Ourika où est sa vraie place. Néanmoins, au lendemain de la création, on pouvait lire dans *La Pandore* que le public n'avait pas réservé un meilleur sort à l'*Ourika* de la Porte Saint-Martin :

"*Comblée d'éloges dans les cercles du noble faubourg,* Ourika *est venue échouer sur les théâtres de la ville, et ce que tant de personnages titrés avaient applaudi a été sifflé par le public, juge suprême en la matière.*"[3]

Quant à la comédie en trois actes, jouée à l'Odéon le 11 mai 1824, ce fut un four retentissant.[4] "Les acteurs ont joué au milieu d'un brouhaha continuel",[5] note *Le Diable boiteux*. *La Pandore* renonce même à en faire le compte rendu : "Il nous est impossible de porter un jugement sur cet ouvrage, qui a été accueilli dès l'exposition avec une extrême sévérité, et que l'on a condamné sans avoir entendu."[6] Il en est de même pour le critique du *Corsaire* : "*Je ne m'appesantirai pas sur l'analyse de la prétendue comédie donnée hier à l'Odéon ; à peu de*

---

1. Frédéric de Courcy et Jean-Toussaint Merle, *Ourika, ou l'orpheline africaine*, mélodrame en un acte, représenté pour la première fois sur le Théâtre de la Porte Saint-Martin, Quoy, Paris, 1824.

2. *Le Diable boiteux,* 4 avril 1824, n°95.

3. *La Pandore*, 4 avril 1824, n°264.

4. Auteur anonyme, *Ourika*, comédie en trois actes et en prose, représentée et tombée sur le Théâtre de l'Odéon, le 11 mai 1824, n'est pas éditée.

5. *Le Diable boiteux*, 12 mai 1824, n°133.

6. *La Pandore*, 12 mai 1824, n°302.

chose près, elle rappelle les bluettes faites sur le même sujet. (...) Il serait presque impossible d'entrer dans de plus amples détails, car l'ouvrage, écouté avec indulgence pendant les deux premiers actes, a été constamment sifflé pendant le troisième."[1] Le *Courrier des théâtres* avoue la même impuissance : "Les marques d'improbation données à cet ouvrage, et le tumulte qui en a été la conséquence, ne nous ont pas permis d'en saisir le dénouement. Les acteurs n'ont pas été écoutés, et le rideau est tombé avant la fin du troisième acte, au milieu d'un conflit tumultueux et prolongé de sifflets et d'applaudissements."[2]

La pièce ne fut donc pas reprise le lendemain, et son auteur qui préféra rester anonyme, ne la fit même pas imprimer. Néanmoins, à en croire les journaux qui se risquèrent à une analyse de l'intrigue, elle n'apporte rien de nouveau, si ce n'est qu'Ourika est une mulâtresse.

Aussi, fort de l'expérience malheureuse de ses prédécesseurs, le Théâtre-Français renonça-t-il à faire représenter son adaptation du roman de Mme de Duras et la pièce, sans doute d'Alexandre Duval, ne vit jamais le jour.[3] D'autres projets mettant en scène une héroïne noire, comme Alga dans un mélodrame prévu au Théâtre de la Gaîté, furent déprogrammés. Le *Courrier des théâtres* signalait le 6 avril : "On va lire aux acteurs de la Gaîté une pièce à grand spectacle intitulée *La Négresse du Morne*. Ce nigro-drame sera l'*Ourika* de ce théâtre ; les amateurs n'auront rien à dire, l'administration aura obéi à la mode."[4] Mais un mois plus tard, le vent a complètement changé de cap et on peut lire : "*La Négresse du Morne*, ne sera pas représentée de sitôt à la Gaîté. Peut-être

1. *Le Corsaire*, 12 mai 1824, n°307.
2. *Courrier des théâtres*, 12 mai 1824, n°1985.
3. D'après *La Pandore* du 26 mars 1824, Alexandre Duval avait été le premier à fournir une *Ourika* à la Comédie-Française, coiffant sur le poteau Eugène Scribe qui avait lui aussi été sollicité pour adapter le roman de Madame de Duras. Mais ces pièces n'ont été ni jouées, ni publiées.
4. *Courrier des théâtres*, 6 avril 1824, n°1951.

même ne le sera-t-elle point du tout. La perte ne serait pas grande, le public a des négresses par-dessus la tête."[1]

Un sujet insupportable à la scène

Alors que le roman avait presque unanimement emporté l'adhésion, les représentations dramatiques de l'histoire d'Ourika avaient toutes été conspuées. Les échecs successifs de la petite négresse sur les scènes de quatre théâtres en l'espace de quelques semaines retinrent particulièrement l'attention de la critique, jusqu'au *Journal de Paris* qui d'ordinaire s'intéressait davantage à la vie politique qu'à celle des théâtres et qui consacra pourtant plusieurs articles à l'événement.

L'échec *d'Ourika* à la scène n'était pas sans ironie. Paradoxalement, alors même que la pièce dénonçait le préjugé de couleur, elle en était elle-même victime. Dans son numéro du 29 mars 1824, le *Journal de Paris* explique l'échec par la nature même du sujet, qui selon lui est "à peu près inadmissible au théâtre". Impossible en effet aux spectateurs de vibrer d'émotion pour une négresse dont la couleur ne peut que repousser :

"*Les yeux ont désenchanté l'esprit, et à la vue d'une négresse qui brûle d'amour pour un jeune homme de nos climats, pour un blanc, les prestiges de l'imagination se sont évanouis. Nos préjugés à cet égard sont tels qu'en voyant Ourika, on cesse presque de s'intéresser à son sort. Il fallait laisser au seul récit de ses malheurs le soin de nous attendrir.*"[2]

Le Corsaire se range au même avis, il estime qu'un tel personnage "*n'inspire sur les planches qu'un dégoût bien prononcé*",[3] et affirme : "*La couleur noire ne plaît point au théâtre ; elle n'intéresse pas, elle dégoûte souvent.*"[4] Et l'on peut lire encore dans un autre numéro : "*Le roman de Madame la duchesse de Duras ne pouvait fournir le sujet d'une pièce ; la*

---

1. *Courrier des théâtres*, 4 mai 1824, n°1977.
2. "Avez-vous vu Ourika ? Avez-vous lu Ourika ?", in *Journal de Paris*, 29 mars 1824.
3. *Le Corsaire*, 12 mai 1824, n°307.
4. *Le Corsaire*, 26 mars 1824, n°260.

couleur de la peau du principal personnage interdisait l'imitation aux auteurs dramatiques."[1]

A son tour, le *Courrier des théâtres* porte un jugement comparable et dénonce la couleur de l'héroïne comme la difficulté "la plus dangereuse", "la plus insurmontable" :

"*On peut bien se faire illusion en lisant un roman, on peut bien oublier certains défauts physiques, se créer une beauté imaginaire, et lui attribuer tous les charmes d'une heureuse expression ; sur scène, il arrive tout autrement, les personnages sont là avec leur difformité, leur laideur naturelles, il n'est plus permis de s'abuser, les yeux se détournent comme involontairement d'un objet qui les blesse, l'intérêt se perd, et avec lui périt tout le fruit d'un travail qui souvent a coûté beaucoup de temps, de soins, et de patience. Tel a été le sort d'Ourika dans toutes les tentatives qu'on a faites pour la transporter sur le théâtre ; dépourvue du charme dont son premier auteur l'avait environnée, elle n'a plus inspiré aucun plaisir, aucun intérêt, et sa couleur n'est pas le moindre obstacle qui se soit opposé à son succès.*"[2]

Si la laideur du masque noir convient aux rôles comiques, et ajoute même à la drôlerie du nègre, elle interdit toute émotion dans un registre tragique. Les jeunes comédiennes en vue qui jouaient Ourika devaient se peindre le visage et les coquettes ne le faisaient pas sans répugnance. Pour le *Journal de Paris*, cette mascarade, aussi réussie soit-elle, condamne la pièce : "que Mlle Mars, que Mlle Bourgoin, que Mlle Anaïs se barbouillent le visage d'une composition chimique, plus ou moins habilement préparée, le public ne verra jamais qu'un travestissement de carnaval".[3] Et il est vrai que les chroniques théâtrales ne manquèrent pas de souligner systématiquement le maquillage des actrices et d'en faire un sujet de plaisanterie.

---

1. *Le Corsaire*, 4 avril 1824, n°269.
2. *Courrier des théâtres*, 13 mai 1824, n°1986.
3. *Journal de Paris*, 13 mai 1824. D'ailleurs les actrices rechignaient à jouer grimées de la sorte : Mlle Bourgoin et Mlle Mars avaient refusé le rôle d'Ourika, même à la Comédie-Française, où Mlle Brocard l'avait finalement accepté. (*La Pandore*, 12 avril 1824.)

L'article du *Journal de Paris* fait pourtant remarquer que le public admet par exemple le personnage de Dominique dans le ballet de *Paul et Virginie* parce que "ce Dominique n'est qu'un personnage secondaire, et la couleur de son teint n'est qu'un accident dans la pièce", mais, ajoute-t-il, "dans *Ourika*, c'est la négresse qui est tout ; c'est sur sa couleur que se porte toute l'attention."[1]

Une négresse, comme héroïne, comme jeune première tragique, n'est-ce pas précisément ce que le public n'était pas prêt à accepter au théâtre ? Il ne s'agissait donc pas d'un simple problème de travestissement ; même si une actrice africaine s'était présentée, le sujet d'*Ourika* n'en aurait pas moins été toujours rebelle à la scène.

Pourquoi ? "*Parce que*, explique le *Journal de Paris*, *le théâtre n'a pas été inventé pour un fait unique, parce qu'on y admet et qu'on ne peut y admettre, comme on l'a dit mille fois, que des mœurs plus ou moins générales ; parce que... nous entrons dans une situation qu'autant que de près ou de loin, elle peut nous devenir personnelle, et que n'ayant rien à craindre ni pour nos filles, ni pour nos sœurs, ni pour nos amies de ce qui arrive à Ourika, la célèbre maxime :* Homo sum et nihil humani a me alienum puto, *rien de ce qui intéresse l'humanité ne m'est étranger ; cette maxime, dis-je, qui est à la fois la base et la mesure du théâtre, manque ici son application, car on n'amuse pas deux mille personnes réunies et payantes avec des aventures qui ne leur apprennent rien de ce qui les touche, avec des aventures moins attachantes pour elles que les prodiges de la féerie auxquels du moins on appartient par l'imagination et avec qui la puissance de l'illusion peut jusqu'à un certain point nous identifier.*"[2]

L'explication que donne le *Journal de Paris* tend donc précisément à prouver que l'homme noir reste encore à ce point l'Autre, qu'aucun spectateur ne saurait se reconnaître en lui et partager sa souffrance. Impossible que le public se sente concerné par le sort du nègre, même par un effort

1. *Ibid.*
2. *Ibid.*

d'imagination, puisqu'il ne voit pas en lui son semblable, ou son prochain.

Plus que l'histoire d'un échec, les mésaventures d'Ourika à la scène affirment une impossibilité, celle d'admettre au théâtre une héroïne noire, et traduisent en même temps la spécificité de l'art dramatique : la nature profonde d'un art dénonciateur capable de mesurer le degré de sclérose des mentalités. On peut dire, décrire, raconter, mais on ne peut pas montrer. L'art vivant de la représentation réveille les préjugés esthétiques et interdit toute identification. A une époque où tout le fonctionnement du théâtre se fonde sur l'illusion réaliste et la projection émotive du spectateur, la couleur d'Ourika introduisait en somme un effet de distanciation inacceptable pour un public qui n'était manifestement pas prêt à réfléchir sur l'inanité du préjugé de couleur et à le remettre en cause. Ce phénomène de rejet rappelle également à quel point l'émotion tragique s'appuie encore sur le sublime : une héroïne tragique doit être belle et le préjugé esthétique refusait ici toute beauté à Ourika. L'émotion théâtrale passe par les canons de beauté d'une société. Les cordes sensibles sur lesquelles joue le théâtre sont basiques, il s'adresse à l'inconscient collectif et ne laisse que peu de place à l'attitude réflexive à moins d'une éducation du spectateur et d'un travail de préparation. Comment interpréter autrement l'indignation de ce critique du *Corsaire* qui n'acceptait pas que l'on ait osé porter *Ourika* à la scène :

"*N'est-ce pas se moquer de la longanimité du public, que de traîner un personnage faux, sans intérêt, et, tranchons le mot, qui n'inspire sur les planches qu'un dégoût bien prononcé ! La nouvelle de Mme la Duchesse est agréable et sentimentale (...) ; mais je persiste à croire qu'il est impossible de la traduire au théâtre. La philanthropie ne connaît pas la différence des couleurs, à la bonne heure, mais Thalie est grecque et blanche, et son masque ne peut s'appliquer sur un visage brûlé par le soleil d'Afrique. (...) La fine interprète de Thalie, qui déchire avec un sourire et qui peint avec un regard, de grâce laissez-nous la telle qu'elle est*".[1]

---

1. *Le Corsaire*, 12 mai 1824, n°307.

Le voilà le véritable enjeu civique du théâtre : vider le regard de ses préjugés et l'habituer à tous les possibles, embrasser l'humain dans sa diversité culturelle, morale, raciale, apprendre à se reconnaître dans la souffrance de l'Autre et reconnaître l'Autre dans sa propre souffrance.

Car ce qu'exprimait l'échec théâtral d'*Ourika* en 1824 n'est peut-être pas aujourd'hui aussi dépassé qu'on pourrait le croire. Certes les canons de la beauté ont changé : Naomi Campbell le dispute à Claudia Schiffer. La télévision et le cinéma peuplent notre imaginaire de stars noires-américaines, mais elles restent des images inaccessibles, des icônes que l'on idolâtre de loin et qui ne remettent pas en cause la conscience culturelle qu'une société a d'elle-même. Dans les années cinquante, *Carmen Jones* fut interdit en France, au nom du respect que l'on devait à l'œuvre de Mérimée ! Et il fallu attendre les années quatre-vingt et le travail théâtral de Peter Brook pour confier sur la scène française le rôle de Carmen à une comédienne noire. La société française, en dépit de l'esclavage et de son histoire coloniale, ne se conçoit toujours pas comme multiraciale. Et qui en dehors de Bernard-Marie Koltès a osé faire de cette pluralité grinçante l'enjeu de son théâtre ? Une actrice tragique à la peau noire qui, sur la scène française, donnerait ses traits à Electre, Juliette ou Andromaque reste à venir. Le spectre conspué de la jeune négresse hanterait-il encore les planches ?

Métissage : l'âme du drame romantique ou le préjugé de couleur et la scène à l'époque romantique[1]

« *Aujourd'hui, plus que jamais le théâtre est un lieu d'enseignement* ».
Victor Hugo, Préface d'*Angelo*.

"Il paraît qu'on veut établir un genre de littérature fusionnaire, Le Nègre *est de cette école qui s'énerve en essayant un mélange du beau et du fantasque, et l'union entre le bon et le mauvais goût. Cette littérature-métis (sic) sera rejetée par tout le monde. Nous devons recommander à tous les acteurs de ce drame de mieux se noircir, et de mieux ajuster sur leurs têtes leurs toisons de laine."*

Voilà ce que l'on pouvait lire dans *Le Corsaire* du 1er novembre 1830, après la création à la Comédie-Française d'un drame de Georges Ozaneaux, intitulé *Le Nègre*, parfaite illustration de la dramaturgie romantique et mettant en scène dans une colonie portugaise d'Afrique, un esclave révolté qui empoisonne ses maîtres et fomente un soulèvement. Les critiques furent incendiaires ; on reprochait surtout à G. Ozaneaux de ne pas avoir respecté le réalisme, d'avoir mis dans la bouche de ses nègres "un langage déraisonnablement prétentieux".

1. Paru dans *Le drame romantique*, rencontres nationales de dramaturgies du Havre, Editions des Quatre-vents, Paris, 1999.

"Les Nègres y parlent comme des poètes romantiques ; d'où il suit que l'esprit n'est pas un seul instant ému de ce qu'il ne croit point"[1] constatait le critique du *Courrier des théâtres. "Ce drame est d'une facture âpre et poignante, mais fausse de mœurs et fausse de conception ; rien n'y est africain, il n'y a pas une seule pensée vraie de caractère local"*[2] dénonçait à son tour celui du *Corsaire*.

L'échec de la pièce de Georges Ozaneaux montre bien la force révolutionnaire du théâtre romantique, ce "théâtre métis", comme dit le critique du *Corsaire*, qui ose accorder au nègre la noble place du héros tragique, cette "littérature fusionnaire", pour reprendre encore une de ses formules, dont les choix esthétiques n'ont pas manqué de braver les préjugés et, qui plus est, d'avoir une véritable incidence politique.

Ce sont en effet les romantiques qui osèrent, les premiers, faire monter sur la scène française des héros noirs. Et ce ne fut pas sans démêlés avec la censure. Au XVIIIe siècle et surtout pendant la période révolutionnaire, l'esclavage venant d'être aboli, le théâtre français admettait le personnage de l'esclave fidèle et aimable toujours riant et dansant, toujours prêt à tout pour aider son maître qu'il adore et qui finira par l'affranchir, et surtout baragouinant ce fameux petit nègre aussi humoristique qu'attendrissant. Mais les personnages héroïques inspirés des figures historiques étaient bannis. Et du reste comment imaginer qu'un nègre déclame des alexandrins ? Quelle atteinte au plus rudimentaire réalisme ! Sous l'Empire, alors que Napoléon essuyait des échecs cuisants contre Toussaint-Louverture, et qu'il rétablissait finalement l'esclavage en 1802, les Caraïbes devenaient purement et simplement un sujet proscrit du théâtre, et qui le resterait sous la Restauration.

Une esthétique aux couleurs dérangeantes

On préfère alors jeter le voile sur Saint-Domingue et l'oublier. Quant aux révoltes d'esclaves, les évoquer apparaît du domaine de la provocation et ce que l'on tolère dans le cadre de la fiction

---

1. *Courrier des théâtres*, 30 octobre 1830.
2. *Le Corsaire*, 30 ocrobre 1830.

romanesque, chez ces poètes scandaleux et provocateurs que sont les romantiques, ne saurait trouver sa place au théâtre. C'est pourquoi l'adaptation du *Bug-Jargal* de Victor Hugo que font jouer en septembre 1828, sur la scène de l'Ambigu-Comique, Antier, de Coisy et de Flers, a subi de telles transformations que la pièce n'a plus rien à voir avec l'œuvre de Victor Hugo.[1] Comme la représentation avait dû être différée à plusieurs reprises, un critique, dans *Le Miroir* du 21 septembre 1828, dénonce "*les entraves sans nombre mises par la censure*" : "*Cette pièce dont le lieu de la scène était d'abord à Saint-Domingue, a dû être refaite entièrement pour recevoir l'approbation de la police littéraire ; que de peine n'a-t-il pas fallu pour obtenir que quelques mots sur la liberté ne fussent pas supprimés.*"

Le drame est transplanté dans l'île de Java. Les Blancs sont des Hollandais, les naturels de l'île sont des indiens et les nègres n'y sont que des ombres lointaines. Bugg, le seul personnage africain de la pièce n'a pas la cruauté du personnage imaginé par Victor Hugo et sa tentative de soulèvement échoue lamentablement.

Les tribulations subies par Georges Ozaneaux pour faire jouer sa pièce sont tout aussi édifiantes. C'est seulement après les trois Glorieuses et l'arrivée au pouvoir de Louis-Philippe d'Orléans qu'il parviendra à la faire représenter. Georges Ozaneaux affirme lui-même, dans une notice qui précède la publication de sa pièce, quasiment vingt ans plus tard après la révolution de 1848, que son drame a vu le jour "grâce à la révolution de 1830", il précise en effet que "le gouvernement précédent repoussait l'ouvrage, non pour des détails d'exécution, mais pour le sujet lui-même, qu'il ne voulait pas admettre sur la scène"[2].

---

1. Benjamin Antier, F. De Coisy et Hyacinthe de Flers, *Bugg, ou les Javanais*, mélodrame en trois actes à grand spectacle, représenté pour la première fois sur le Théâtre de l'Ambigu-Comique, le 18 septembre 1828, Quoy, Paris, 1828.
2. Georges Ozaneaux, « Notice », *Erreurs poétiques*, Amyot, Paris, 1849, vol. III, p.3.

George Ozaneaux avait, en 1828, soumis sa pièce au comité de lecture de l'Odéon. La censure avait alors porté le manuscrit à la connaissance du ministre de l'Intérieur, qui, appuyé par le Ministre de la Marine, avait condamné la pièce sans appel. Selon eux, l'état des colonies était tel qu'il fallait redouter particulièrement "*les inquiétudes que pourrait y susciter la représentation d'un ouvrage qui flétrit la traite des Noirs*"[1].

Georges Ozaneaux apporta donc à son drame les modifications nécessaires, et le remit, cette fois, au comité de lecture de la Comédie-Française qui l'accepta avec enthousiasme, le 11 mars 1829, mais ne parvint pas davantage à faire lever l'interdiction de la censure. Le gouvernement en appelait quasiment au sens civique de Georges Ozaneaux pour lui faire comprendre qu'au nom de la raison d'Etat, il devait renoncer à la représentation publique de son drame : "*Cet ouvrage est écrit avec chaleur, sensibilité et talent : je regrette donc vivement qu'il ne puisse être offert au public ; mais les inconvénients du sujet sont d'une telle gravité qu'il ne m'est point permis de revenir sur la décision de mes prédécesseurs. Vous connaissez, Monsieur, les motifs de cette décision, et vous paraissez avoir des sentiments trop élevés pour ne pas sacrifier à des considérations aussi puissantes l'espérance fondée d'un succès*"[2].

Dans les multiples lettres que Georges Ozaneaux envoie à ses censeurs, il cherche à comprendre pourquoi on interdit au théâtre ce qu'on autorise dans les ouvrages romanesques, dans les essais philosophiques, pourquoi ce qui éclate chaque jour à la tribune nationale, dans les journaux, deviendrait soudain si dangereux sur scène : "*Depuis quand un pauvre drame a-t-il changé le sort des peuples ? s'interroge-t-il avec cynisme. Ce soir une pièce est jouée rue Richelieu, et demain la Guadeloupe est bouleversée : quelques applaudissements, renfermés dans une salle de Paris, inconnus même du passant qui traverse les galeries d'alentour, auront franchi l'Atlantique ; et répétés tout-à-coup par les échos d'un autre monde, ils troublent le*

1. *Ibid.*, p. 4.
2. Extrait de la lettre de M. Montbel, adressée à Ozaneaux le 13 mars 1830, *ibid.*, p. 14.

colon dans son repos, et réveillent l'esclave de son inertie, pour lui mettre à la main les flambeaux incendiaires."[1]

Ozaneaux tente de minimiser par la dérision l'influence du théâtre sur l'opinion publique. Il est néanmoins évident que le gouvernement voit dans la scène un moyen de diffuser la pensée beaucoup plus dangereux que les autres. Le théâtre atteint directement la masse, pour une grande part encore analphabète, alors que l'écrit reste l'apanage d'une élite intellectuelle. "*J'écris pour ceux qui ne savent pas lire*", disait Pixérécourt.

La pièce de Georges Ozaneaux a beau éviter le décor des Antilles françaises et se dérouler dans une colonie portugaise, au large de l'Afrique, Lazaro, ce nègre empoisonneur qui nourrit sa vengeance des années durant avant de la mettre à exécution en fomentant une révolte, ne peut que représenter un modèle dangereux, ou réveiller le souvenir mythique de ces vengeurs cruels à la Biassou ou à la Makandal. Certes, le soulèvement échoue à cause de l'amour de son propre fils pour la fille du maître, mais Lazaro apparaît néanmoins comme un héros, champion de patience et de détermination. Il eût juste fallu qu'il n'eût pas un fils amoureux pour que son entreprise réussisse !

Le Nègre de Georges Ozaneaux est loin d'être un cas isolé. Force est de constater que quasiment toutes les pièces à "sujet noir" jouées sous la Restauration ont subi la censure. Pour obtenir l'approbation nécessaire et faire représenter leurs pièces, les auteurs ont dû se soumettre, et Pixérécourt le premier, aux arrangements qu'exigeait d'eux la police littéraire, afin de donner du nègre l'image qui convenait.[2]

---

1. Extrait d'une lettre de Georges Ozaneaux adressée à MM. les Examinateurs des ouvrages dramatiques, le 17 juillet 1829, *ibid.*, p. 6.
2. Répertoire des pièces censurées sous la Restauration, Odile Krakovitch, *Les Pièces de théâtre soumises à la censure 1800-1830*, Archives Nationales, Paris, 1982.

Romantisme et dramatique métissage

Or, le nègre représentait pour les romantiques l'incarnation sans doute la plus théâtrale de l'héroïsme tragique. Ce personnage déraciné et dénaturé par l'esclavage, condamné par le regard des autres à aimer sans retour, voué inexorablement à la révolte et à la violence sollicite l'imaginaire romantique, tandis que la dimension spectatorielle de cette problématique du paraître qui est la sienne inspire les dramaturges.

Les mélanges raciaux, qu'on redoutait déjà avant 1789, se sont multipliés avec l'abolition de l'esclavage et la fin de l'interdiction des mariages mixtes jusqu'en 1802, puisque le Code Noir n'avait alors plus cours. Noirs et mulâtres se firent aussi plus nombreux en métropole à l'époque révolutionnaire. Certains étaient venus en délégation pour défendre les droits de leur communauté, d'autres s'étaient engagés dans l'armée révolutionnaire et beaucoup avaient aussi suivi leurs maîtres qui étaient rentrés en France accompagnés de leur domesticité noire. Les sang-mêlé apparurent bientôt comme une réalité quotidienne en métropole.[1]

Qu'il soit biologique ou culturel, le métissage devient une préoccupation littéraire de premier plan sous la Restauration. Cependant, loin de lutter contre le préjugé de couleur, on l'accepte comme une fatalité et on voit dans le mulâtre un être irrémédiablement rejeté de la société. Sa double appartenance le condamne au malheur et à la solitude. En lui se mêlent la fougue sombre du sang africain et la dignité pure du sang blanc, cette dualité déchire son cœur, d'autant que son apparence le rejette de la société des Blancs comme un paria et que, si jamais au sein de ce milieu qui l'attire un amour vient à ravir son âme, ce ne sera qu'une source supplémentaire de souffrance.

Ourika inaugure le prototype de ce personnage tragique. Le roman de Madame de Duras racontait les illusions perdues d'une jeune négresse qu'une dame de la haute aristocratie avait élevée comme sa fille sans la prévenir de sa différence et de

---

1. Voir William B.Cohen 153, *Français et Africains : les Noirs dans le regard des Blancs 1530-1880*, traduit de l'anglais, Gallimard, Paris, 1980.

l'impossibilité dans laquelle sa couleur la mettait de ne jamais pouvoir être aimée. Le roman tout auréolé d'une nostalgie d'Ancien Régime tendait à démontrer qu'il aurait mieux valu pour son bonheur (l'esclavage !) laisser la jeune négresse à sa place. Il fit fureur dans les cercles littéraires à la mode et donna lieu au théâtre, en 1824, à plus de quatre adaptations, dont notamment le drame de Frédéric de Courcy et Jean-Toussaint Merle joué à la Porte Saint Martin. Certes, Ourika n'est pas mulâtre, mais son éducation en fait une "négresse blanche", une métisse culturelle, partagée entre son origine africaine, cette couleur qui la trahit, et les valeurs morales qu'on lui a inculquées dans le milieu aristocratique où elle a grandi : "La société me jette de son sein... Mais ai-je demandé à y venir dans ce monde qui n'était pas fait pour moi... Ma figure me fait horreur... J'y vois le signe de ma réprobation... seule, toujours seule... Et jamais aimée... (...) Partir... Où aller ?... quand je retournerais dans ma patrie, là, encore, je serais isolée : qui m'entendrait ? qui pourrait me comprendre ?... non, je n'appartiens plus à personne, je suis étrangère à l'humanité toute entière..."[1]

Avec *Le Mulâtre et l'Africaine* de Frédéric et Laqueyrie, mélodrame en trois acte joué au théâtre de la Gaîté la même année, on retrouve la même solitude, la même souffrance dans le personnage de Jeaufre, ce jeune esclave mulâtre qui nourrit pour la fille de son maître un amour ardent et secret traîne sa peine sans fin. Il n'est pas simplement mulâtre par le sang, tout dans son port, sa mise et son langage en fait un homme distingué, seule sa couleur révèle sa condition. Frédéric et Laqueyrie le décrivent comme très différents des bons nègres de la plantation et précisent dans une didascalie : "Jeaufre est entièrement vêtu à l'européenne ; son costume est décent, et ses manières, à la fois graves et nobles, doivent contraster fortement avec les sauts et les contorsions de ses compagnons

1. F. de Courcy et J.-T. Merle, *Ourika, ou l'orpheline africaine*, mélodrame en un acte, représenté pour la première fois sur le Théâtre de la Porte Saint-Martin, le 25 mars 1824, Quoy, Paris, 1824.

d'esclavage, qui le pressent et l'entourent, en donnant les signes de la joie la plus vive et la plus bruyante."[1] (Acte I, scène 8)

Le mulâtre a "cultivé ces arts brillants qui font les délices et l'orgueil des Européens", mais "le sang africain qui bouillonne dans (ses) veines", "la couleur qui souille (son) front" le condamnent à ne trouver "dans ce qui fait le bonheur des hommes qu'une source de larmes et de désespoir" (I, 9).

Jeaufre, comme Ourika, définit un nouveau type de personnage tragique qui ne peut que séduire les romantiques, tant il répond aux valeurs profondes qu'ils attachent au drame. Paria solitaire, au ban d'une société qui refuse de le comprendre et d'admettre sa différence, fatalement condamné à souffrir et à aimer sans retour, déchiré par les forces contradictoires qui l'animent, naturellement piégé entre grotesque et sublime, le métis incarne le héros romantique.

Bug-Jargal, le premier grand héros qu'imagine Victor Hugo en 1828, a les mêmes obsessions et les mêmes douleurs qu'une Ourika ou un Jeaufre. Cependant l'adaptation théâtrale ne parviendra pas à rendre cette dimension. Les contraintes de la censure obligent les auteurs à dissocier le héros du roman de Victor Hugo en deux personnages distincts. Le conflit intérieur de Bug-Jargal explose sur scène, réparti entre Bugg le nègre, et Félibb le naturel de Java dont on apprend, seulement au deuxième acte, qu'il est mulâtre puisque sa mère, Zaïde, était une esclave noire. Il faut dire que le héros de Victor Hugo va beaucoup plus loin que les autres, il y a en lui la révolte. La torture intérieure induit chez lui une véritable énergie révolutionnaire.

En revanche, dans la pièce, si l'un et l'autre sont parfaitement cultivés et jouissent d'une parfaite éducation européenne, Bugg défend la cause de ses frères de race, tandis que Félibb se range du côté des Blancs. Bugg veut lever le joug hollandais qui pèse sur l'île et libérer les nègres de l'esclavage, mais il ne parvient

1. Frédéric et Laqueyrie, *Le Mulâtre et l'Africaine*, mélodrame en trois actes, représenté pour la première fois sur le théâtre de la Gaîté, le 28 septembre 1824, Pollet, Paris, 1824.

pas à convaincre le Javanais qui, libre, se croit l'égal des colons blancs, et voudrait à son tour rallier Bugg :

FELIBB : Je connais ton intelligence. Sers la cause des Blancs, ils t'accorderont la liberté et des richesses.

BUGG, *avec amertume et ironie* : Mon intelligence est à moi, et n'a pas été vendue comme mon corps ; ma liberté, je l'aurai quand je voudrai ; la cause des blancs, un noir ne peut la servir, ils ne me reconnaîtraient plus quand j'irais leur demander ma récompense.

(Acte I, scène 8)

Bugg qui avait promis à la mère de Felibb, morte en couches, de le protéger, finira par lui révéler le mystère de sa naissance : "J'ai rempli toutes mes promesses, j'ai voulu te faire partager l'honneur de délivrer tes frères... oui, tes frères ; Zaïde était affranchie, ton origine est la nôtre." (II, 3) Mais son métissage ne le range pas du côté de ses frères de couleur. En fait c'est un amour impossible qui se chargera de lui ouvrir les yeux et de lui rappeler qu'il n'a pas le choix, comme l'avait fait amèrement Bugg : "Ce n'est pas votre couleur qui triomphera, c'est la mienne."(I, 8) Felibb doit admettre qu'en dépit de sa culture toute européenne, de son statut d'homme libre et de son engagement auprès des Hollandais, le sang noir, pourtant à peine visible, qui coule dans ses veines, lui interdit la société des Blancs.

On comprend alors pourquoi Othello apparaît aux yeux du Cénacle comme le personnage emblématique du drame moderne. En 1829, Alfred de Vigny fait jouer à la Comédie-Française son *More de Venise*. Certes, c'est avant tout une adaptation de l'œuvre de Shakespeare, mais c'est aussi le premier drame romantique à s'immiscer sur les planches de la scène nationale. On retrouve dans Othello ce métis culturel en marge de la société, en dépit de tous les efforts qu'il déploie pour s'y faire accepter. Ses exploits militaires en font un général acclamé, il s'est hissé seul au sommet de la hiérarchie de Venise, mais il reste un More, et, comme époux de

Desdémona, sa couleur n'inspire que mépris et dégoût. Dès la première scène, Rodrigo se fait le porte-parole des préjugés :

"Elle a pu l'écouter ! - Un More ! qui parla
Avec sa lèvre épaisse, en lui faisant la moue.
- Goût dépravé !" (I, 1)

Et Yago de rajouter :

"Un cheval africain, c'est un bel animal ;
Mais en faire son gendre !" (I, 1)

Par la suite, quand les doutes commencent à naître dans l'esprit d'Othello et que la jalousie l'assaille, il accuse aussitôt sa couleur :

"Tout est possible, hélas ! il ne faut que me voir.
Tout pourrait s'expliquer par un mot : je suis noir !"
(Acte III, scène 4)

Cependant, l'accueil réservé par la critique à ce nouveau type de tragédie reste sans appel. On accuse la pièce de ne pas être à sa place dans le contexte social et historique de la nation française et surtout de blesser la bienséance. Au lendemain de la première représentation, qui avait été particulièrement houleuse, *Le Corsaire* s'indigne et définit les romantiques comme des "novateurs qui n'ont pas encore compris ce que réclament les mœurs nationales et le bon goût".[1] Le surlendemain, le même journal surenchérit. Alfred de Vigny n'a pas compris qu'Othello est un personnage d'un autre temps qui convenait à une nation anglaise à peine issue de la barbarie, sous le siècle d'Elisabeth. "Il nous a imposé Shakespeare tout entier, sans égard aucun pour les convenances de nos mœurs, de notre âge, de notre goût et de notre scène"[2]. L'auteur de l'article se montre en effet particulièrement indigné par "Othello paraissant devant le Sénat, racontant avec une entraînante simplicité la naissance de

1. *Le Corsaire*, 25 octobre 1829.
2. *Le Corsaire*, 27 octobre 1829.

l'amour de Desdémona et son union avec elle"[1]. Il finit sur un éloge de Ducis dont l'adaptation de la pièce avait, à ses yeux, au moins le mérite d'être plus réservée et de mieux respecter la délicatesse.

Heurté lui aussi par le mauvais goût de la pièce, le critique de *La Pandore* voit dans *Othello* la tragédie la plus "inculte" de Shakespeare et affirme que s'il avait pris naissance au XIXe siècle, le dramaturge anglais "eût modéré lui-même sa fougue et se laissant guider par la raison et par le goût, il n'eût laissé cette vérité de private-house."[2]

Qu'est-ce qui choque donc tant la critique dans cet *Othello* adapté par Vigny ? Certes la condamnation de la pièce s'inscrit sans doute plus largement dans l'ensemble des attaques portées à l'époque contre Victor Hugo et le Cénacle. Cependant, on est surpris de constater que *La Pandore* justifie le mauvais goût de la coterie romantique qui, dans l'œuvre de Shakespeare, ose faire le mauvais choix d'*Othello*, en rappelant qu'il fallait s'y attendre puisque "les beaux arts ne datent, pour elle, que de *Bug-Jargal*".[3] La réprobation n'était donc pas à l'évidence seulement d'ordre esthétique et dramaturgique, les romantiques heurtaient les préjugés raciaux.

Les nègres héroïques du drame romantique

Après la Révolution de juillet et l'arrivée au pouvoir de Louis-Philippe d'Orléans, le lobby colonial perd de son influence, on lève l'interdit qui pesait sur les sujets coloniaux.

Le nègre métissé par l'esclavage sort de l'ombre imposé par la censure et devient le monstre le plus sanguinaire de la scène française, monstre de souffrance et de cruauté, monstre moderne engendré par l'avidité et le luxe.

Le goût romantique ne manque pas d'exploiter, dans ces drames, l'atmosphère lourde et dangereuse qui baigne les contrées où l'esclavage engendre violence, meurtres, empoisonnements, révoltes sanglantes... Quoi de plus efficace

---

1. *Ibid.*
2. *La Pandore*, 26 octobre 1829.
3. *Ibid.*

pour provoquer le frisson et émoustiller un public en quête de sensations fortes ? Fini le bamboula rieur qui chante et danse pour amuser la galerie, fini le baragouin comique du petit esclave maladroit, le nègre est devenu un personnage tragique qui fait trembler, un vengeur qui rumine sa haine, un meurtrier qui retrouve sa dignité à travers le mal qu'il est capable d'infliger.

Dans le théâtre romantique d'après 1830, le personnage noir conquiert enfin un véritable statut de héros, héros sombre et tragique qui marche dans les pas d'Othello et semble cristalliser toute la cruauté que peut engendrer la souffrance.

Ozaneaux, dont le drame est enfin autorisé avec le changement de gouvernement, inaugure, en octobre 1830, ce prototype du nègre romantique, héros tragique que la douleur, trop longtemps enfouie, conduit au meurtre. Lazaro passe depuis des années pour un vieux nègre qui a perdu la raison, mais loin d'être fou et résigné, il nourrit une vengeance terrible et s'en ouvre finalement à ses camarades d'infortune :

"Eh bien, regardez-moi : voyez-vous ma pensée,
Mon âme tout entière en mes yeux élancée ?
Pouvez-vous soutenir leurs éclairs menaçants ?
Entendez-vous ces rapides accents
Qui se pressent déjà sur mes lèvres tremblantes ?
Touchez, touchez ces mains brûlantes :
Sentez-vous mon pouls battre, et mon sang irrité
En flots tumultueux bouillonner dans mes veines ?
Appuyez sur ce cœur par la fièvre agité ;
Le sentez-vous bondir comme un tigre indompté
Qui mord et va briser ses chaînes ?
Dites, qu'est devenu celui que vos mépris
Ont tout à l'heure accusé de démence ?"
(Acte II, scène 3)

Lazaro a en effet résolu d'empoisonner toute la famille de Mendoze, le maître de la plantation, puis d'attaquer le navire négrier en rade pour s'enfuir avec ses frères esclaves et retrouver le chemin de l'Afrique et de la liberté.

L'année suivante, Victor Escousse, un jeune auteur romantique, émule de Victor Hugo, fait jouer au Théâtre de la Porte Saint-Martin, un drame en trois actes : *Farruck, le Maure.*[1] L'amertume de son héros n'est pas sans rappeler celle de Lazaro.

Dès le début de la pièce, Farruck apparaît comme un personnage dangereux et insoumis. La belle Isabelle est fascinée par sa réputation de bête indomptable :

"Il a dans les déserts puisé son âpreté,
Mélange de bassesse, et dit-on de fierté ;
Il méprise l'esclave, et hait ce qui domine :
Un satanique instinct au mal le détermine.
Sa fureur est terrible...."
(Acte I, scène 2)

La jeune femme s'amuse à éprouver sa beauté sur cet homme aussi froid et inaccessible. Mais Farruck paraît rester insensible. De son côté Alphonse, qui doit épouser Isabelle, veut enterrer sa vie de garçon et parie avec ses amis qu'il peut séduire la fille de Farruck. Il la poursuit de ses avances, elle lui résiste et se tue en tombant dans un ravin. Pour racheter son crime, Alphonse ne propose que de l'argent, et refusant de se battre avec Farruck, comme celui-ci le demandait, lui témoigne le plus profond mépris :

ALPHONSE
Et je te frapperai, non pas avec ma lame,
L'Africain, comme on frappe un corps qui a une âme,
Mais avec un bâton, comme un porc à l'engrais
Qui se rue au manteau d'un noble portugais !
Mais c'est un sang humain que répand mon épée !
M'affronte devant tous qui la saurait tremper
Dans un sang noir !

---

1. Victor Escousse, *Farruck le Maure*, drame en trois actes, représenté pour la première fois sur le Théâtre de la Porte Saint-Martin, le 25 juin 1831, Bernard, Paris, 1831.

FARRUCK
Sang noir !... un sang noir ! innocent !...
(Il s'ouvre une veine du bras avec son poignard.)
Du sang noir, as-tu dit !... tiens, est-il noir mon sang ?
(Acte II, scène 8)

Perclus de douleur et humilié au plus profond de lui, Farruck entreprend de se venger. Peu de temps avant le mariage de dona Isabelle et de don Alphonse, il provoque un incendie et enlève la jeune femme. Il ne la libère que deux jours plus tard. Celle-ci fait le serment que rien ne s'est passé et épouse Alphonse. Elle n'a plus rien à craindre de Farruck, dont on raconte qu'il a été pendu, néanmoins un mal secret la ronge. Elle fait venir un vieil ermite anachorète pour se confesser, mais l'ermite fait des révélations à Alphonse et le convie à écouter en se cachant la confession d'Isabelle. En fait, elle a été violée par Farruck. De rage Alphonse poignarde Isabelle et s'apprête à tuer le prêtre qui n'est autre que Farruck lui-même. Celui-ci brandit alors un crucifix, on ne tue pas un prêtre !

Le *Moniteur universel* du 11 juillet 1831 signale "l'enthousiasme avec lequel les jeunes hommes ont adopté le drame nouveau". Pourtant l'auteur de l'article que l'école romantique décidément étonne, semble quant à lui avoir été déconcerté par le personnage de Farruck : "Il épouvante et n'intéresse pas".[1] En revanche, le Corsaire a mieux apprécié l'originalité de la pièce : "Il y a dans ce drame de l'imagination, des situations neuves et une foule de vers remarquables"[2]. Mais surtout il paraît avoir bien mieux goûté l'horreur, à ses yeux, que convoque l'argument de la pièce et qu'il résume ainsi : "Farruck est un vassal, un sauvage, un tigre, qui se prend pour dona Isabelle d'un amour mêlé de rage et de vengeance"[3]. Il parle du "rire infernal" de Farruck venu demander réparation auprès de don Alphonse, et décrit la scène qu'il estime être "la plus remarquable du drame", celle où le Maure ose faire sa "hideuse déclaration" à la signora et où "un frisson la saisit et

1. *Moniteur universel*, 11 juillet 1831.
2. *Le Corsaire*, 26 juin 1831.
3. *Ibid.*

paralyse ses membres". Quant au dénouement, il atteint pour lui les sommets de l'effroi : "alors, l'ermite découvre et laisse voir à don Alphonse épouvanté la hideuse face de Farruck le Maure..."[1]

L'audace de ce drame avait contraint Victor Escousse à ne pas le situer trop ouvertement dans le contexte colonial. L'action est en effet censée se dérouler dans la haute aristocratie espagnole. En reprenant le héros froid et cynique d'Eugène Sue en 1832, Anicet-Bourgeois et Masson, inscrivent au contraire très clairement l'action du drame dans le monde de l'esclavage et de ses abus. Empli de haine et résolu à détruire la vie du maître qui a fait exécuter son père dans les pires souffrances et qui humilie sa dignité d'homme, Atar-Gull nourrit dans l'ombre, des années durant, une vengeance diabolique et implacable : elle le conduit à provoquer la ruine de son maître, à éliminer autour de lui tous les membres de sa famille jusqu'à en faire une loque étroitement dépendante de lui et finalement entièrement à sa merci.

Atar-Gull apparaît bien sûr comme un personnage dangereux et toute la tension dramatique de la pièce repose sur sa résolution vindicative. Pourtant, s'il ne cesse de dissimuler ses interventions, et elles sont souvent monstrueuses : il provoque la mort d'une des filles de Thomson, empoisonne progressivement tous les nègres de la plantation, fomente une révolte, met le feu au domaine..., Atar-Gull n'est pas marqué par le sceau de la fourberie ou de la perfidie, sa vengeance garde une certaine noblesse, il apparaît plutôt comme un héros libérateur dont la condition d'asservissement ne permettait pas une lutte ouverte au grand jour. C'est la souffrance même de l'esclave qui oblige son intelligence à la patience et à la dissimulation.

De plus, l'accomplissement de cette vengeance ne se fait pas sans douleur. Atar-Gull a une mission à réaliser, un serment à honorer, celui qui l'engage à son ancêtre Job. Mais la peine qu'il doit infliger en portant le coup fatal qui consommera la vengeance représente autant une torture qu'une satisfaction, car s'il a eu de la haine pour Thomson, il a aussi de l'amour pour

1. *Ibid.*

Jenny sa fille. Atar-Gull a tout d'un héros cornélien, son cœur n'a plus de haine pour le vieillard malade qu'est devenu Thomson, mais il accomplira son serment par devoir.

Le double jeu de Dominique, personnage de mulâtre imaginé par Lafont et Desnoyer dans *Le Tremblement de terre de la Martinique*, rappelle celui d'Atar-Gull. Dominique se montre d'une extrême intransigeance avec ses frères esclaves, mais ce n'est qu'une façade. Car en réalité, il garde au fond de lui une humiliation qui l'a marqué à jamais et nourrit une haine insatiable contre les Blancs. Et, marchant parfaitement dans les traces des héros romantiques de la première heure, le mulâtre se retrouve à son tour torturé par la dualité de sa condition, d'autant qu'il est tombé amoureux de la fille du Maître : « ....dès lors, c'en était fait de ma destinée ; dès lors, j'étais en proie à ces deux sentiments extrêmes, ces deux passions ardentes, effrénées, qui ne finiront qu'avec ma vie : ma haine pour les Blancs et mon amour pour Julie ! » (Acte II, scène 4)

Aussi, s'il s'est fait engager sur la plantation, n'est-ce que pour mieux assouvir sa vengeance. Comme Lazaro, Atar-Gull ou Farruck, il fait preuve de la plus subtile fausseté. Il laisse croire au comte qu'il a choisi le camp des Blancs et qu'il renie le sang noir qui coule dans ses veines. En réalité, Dominique fomente une révolte d'esclaves et quand il apprend que Julie est prête à épouser Henri, il assassine le fiancé à l'aide d'une bague empoisonnée. Bientôt les nègres se soulèvent et veulent exécuter le comte. Dominique révèle alors au comte son amour pour Julie et se montre prêt à le sauver, lui et sa famille, si celui-ci consent à lui laisser épouser sa fille. Mais le comte ne peut imaginer une telle alliance : jamais il ne donnerait sa fille à un Noir quels que soient ses mérites.

Dominique profite alors du désordre pour enlever Julie. Finalement, le tremblement de terre viendra tout remettre en ordre en faisant échouer la vengeance aveugle du mulâtre.

Dans *Lébao, le nègre,*[1] c'est encore une fois l'homme noir qui convoque l'horreur et fait couler le sang. Dans ce drame de Demolière et Chardon représenté en 1835 sur le Théâtre du Panthéon, Lébao endosse le rôle du redresseur de torts inflexible, du nègre héroïque et tragique qui rétablit l'ordre en exerçant une justice sanglante. Jeune coureur de dote, jouisseur et sans scrupule Salvador, qui a fait de la femme de Lébao sa maîtresse, est prêt à épouser Marie, sa propre sœur, pour faire fortune. Lébao vient révéler la vérité lors de la cérémonie de mariage et poignarde Salvador, exécutant ainsi une double justice : il venge son honneur et sauve Marie de l'opprobre. Mais les accents du héros meurtrier, avant qu'il ne retourne la lame contre lui-même, sont ceux d'un homme que sa condition de nègre a contraint à la violence et qui n'avait pas d'autre choix pour préserver sa dignité aux yeux de la société : « Oui, c'est le nègre, comme vous l'appelez... car vous eussiez ri si le nègre était venu vous dire : un blanc a été assez criminel pour rendre ma femme adultère ! Vous eussiez ri de son désespoir et de ses larmes ! l'amour d'un nègre ! le désespoir d'un nègre ! Oh ! n'est-ce pas que pour vous ce sont des mots bien ridicules ? eh ! bien, le nègre n'a pas voulu vous prêter à rire... il s'est fait justice lui-même... et d'abord il a tué sa femme... Oui, maudissez-moi... mais, toi, jeune blanche, toi, tu devrais me bénir. » (Acte III, scène 7)

De toute évidence le nègre ne peut être héroïque sans inspirer de la crainte. Il est pris dans le plus schématique des manichéismes : victime, il provoque attendrissement et pitié, libre et reconquérant sa dignité d'homme, il fait peur.

Ces images de meurtres perpétrés par des nègres contre des Blancs ne sont pas sans soulever l'indignation de la presse. Dans *Le Marché Saint-Pierre* de Comberousse et Antier, tandis que Donatien joue le rôle du nègre victime qui se retrouve malgré lui mis en vente sur un marché, Palème, lui, est le nègre marron qui ne parvient pas à apaiser son amertume et dont la

1. Hippolyte Demolière et J. Chardon, *Lébao, le nègre*, drame-vaudeville en trois actes, représenté la première fois sur le Théâtre du Panthéon, le 26 novembre 1835, Marchant, Paris, 1836.

vengeance s'exprime par des pulsions de viol ou de meurtre. A la fin du drame, Palème sauve la vie de Donatien en poignardant La Rebelière, cruel planteur qui s'apprêtait à le pourfendre de son épée. Les critiques s'empressèrent de réprouver ce dénouement. "*Il y a bien encore dans ce drame*, écrit *Le Corsaire* du 22 juillet 1839, *un grand coup de poignard final dont nous ne parlons pas, parce que nous espérons qu'il sera supprimé à une prochaine représentation*". Le *Moniteur universel* se montra encore plus virulent : "*Un ensemble trivial, des moyens traînés partout ; deux rôles, ceux de Lareveillières (sic) et de Palènes (sic), horribles à froid ; toujours du sang et des tortures ; l'impunité du crime ; car l'esclave poignarde le planteur comme s'il faisait la plus belle action, et pas un murmure ne s'élève contre l'assassin*".[1]

Lazaro, Farruck, Atar-Gull, Dominique, Palème, Lébao... le théâtre romantique a projeté sur scène l'image d'un héros noir qui en dépit de l'esclavage qu'il subit défend sa dignité d'homme sans jamais se résigner, même si c'est au prix d'une certaine violence, d'une cruauté ourdie. Il y a un monstre dans ce héros romantique, espèce de Quasimodo devenu Richard III. Contraint d'agir dans l'ombre, l'ingéniosité de ses manœuvres souterraines inspire la terreur ; révolté mais patient, sa détermination et son courage forcent l'admiration.

Le nègre romantique incarnait en fait toute l'inquiétude d'un monde finissant dont l'ordre esclavagiste ne pourrait pas se maintenir encore très longtemps, d'autant que ces héros noirs, l'histoire en avait déjà engendrés de bien réels, notamment Toussaint-Louverture, devenu après sa mort un véritable martyr de l'indépendance d'Haïti. Le Théâtre-Français avait du reste commandé à Victor Hugo un grand drame sur Toussaint qu'il espérait monter en été 1841. Mais le dramaturge en vogue, tout récemment reçu à l'Académie Française, n'honora pas ses engagements et ce fut Lamartine qui reprit le sujet quelques années plus tard sous la République pour le Théâtre de la Porte Saint-Martin.

---

1. *Moniteur universel*, 23 juillet 1839.

La vogue du « mélanodrame » contre l'esclavage et les préjugés raciaux

Une fois les sujets coloniaux autorisés, le boulevard du crime s'était empressé alors de convoquer sur les planches ces contrées exotiques, lieux de toutes les exactions, mines d'aventures à grand spectacle : Guadeloupe, Martinique, Guyane, Ile Bourbon... Ces horizons lointains au climat tropical restent auréolés de mystère, les fortunes s'y font et s'y défont, les identités et les réputations s'y métamorphosent, les vents y soulèvent de terribles tempêtes capables de tout anéantir sur leur passage... Lieux de tous les excès et de tous les possibles, les colonies fournissent au mélodrame en vogue les sujets romanesques qui passionnent le public : grands sentiments et reconnaissances inattendues, flibuste et corsaires, amours impossibles et mariages forcés, victimes éplorées et monstres de cruauté, bagarres et révoltes, déluges et tremblements de terre... le boulevard du crime fait ainsi ses choux gras de ce que l'on appelle alors « le mélanodrame ».

Ces spectacles tropicaux avaient en effet la faveur du public, ils tenaient l'affiche des mois durant, remplissaient les salles et assuraient aux théâtres des boulevards une réussite financière. Le Théâtre de la Porte Saint-Martin par exemple en fit presque une spécialité.

Or l'esprit romantique ne va pas manquer d'influencer le mélodrame exotique et de lui imposer cette esthétique nouvelle où le nègre n'est plus l'incarnation de la laideur comme avait déjà tenté de le montrer en peinture Géricault dans de magnifiques portraits de nègres et de mulâtresses, cette esthétique du mélange faite d'amours mixtes, de nègres séducteurs et de belles mulâtresses. A côté des drames sombres que nous venons d'évoquer, le boulevard a exploité a tout crin la veine romanesque des intrigues amoureuses en noir et blanc, ces amours contrariée renouvelaient le thème de la mésalliance. De jeunes héros blancs, mis au ban de la société pour avoir défendu la cause des esclaves, deviennent de redoutables pirates comme Antoine dans *L'Esclave Andréa* de Maillant et Legoyt qui sauve la belle mulâtresse des griffes concupiscentes du comte Renaud, le capitaine de son navire, et est alors contraint de s'enfuir sur les mers pour échapper à la mort ; ou encore le brillant officier de marine Léonard qui, dans *La Traite des Noirs* de Charles Desnoyer et Alboize du Pujol, préfère renoncer à son honneur militaire et à sa carrière plutôt que de participer au commerce des nègres. Après avoir été dégradé par ses supérieurs, il s'enfuit, prend le commandement d'un brick qu'il nomme "La Justice" et devient un corsaire justicier qui sillonne les mers pour lutter contre le trafic des négriers... De vieux colons repentis reconnaissent leur fille ou leur fils dans de jeunes métis, qu'il s'agisse de *L'Esclave à Paris* de Carmouche et Laya, du *Chevalier de Saint-Georges* de Mélesville et Beauvoir ou du *Tremblement de terre de la Martinique* de Dennery. Le planteur cruel tombe amoureux d'une esclave dans *Maria* de Soucher et Laurencin ou dans *Le Planteur* de Saint-Georges ; la riche héritière épouse le pauvre nègre dans *Le Marché Saint-Pierre* de Comberousse et Antier, comme dans *Le Docteur noir* d'Anicet-Bourgeois et Dumanoir.

Mais surtout ces unions en noir et blanc ouvraient l'espoir d'un monde meilleur, forçant le public du boulevard à reconsidérer son regard sur la négrité et bousculant ses préjugés esthétiques par trop conservateurs. Dans ces mélodrames, souvent très didactiques, c'est l'amour qui sauve de l'esclavage et les mariages mixtes qui sont finalement célébrés finissent par triompher des préjugés. Le sang-mêlé dont le métissage est à peine visible, qui ignore ses origines ou préfère les cacher, est un personnage récurrent du mélanodrame. D'abord parce que ce type de personnage qui a tout d'un Blanc permet de pallier les problèmes de maquillage, mais il permet surtout de dénoncer combien ce préjugé au nom duquel on peut soumettre à l'esclavage n'a aucun fondement et que tout un chacun peut du jour au lendemain, se retrouver au ban de la société pour quelques goûtes de sang noir qui couleraient dans ses veines.

***

Cependant, tandis que la scène romantique était ainsi parvenu à faire progresser l'opinion publique vers une abolition des préjugés de couleur, préparant de la sorte l'abolition de l'esclavage qui serait définitivement décrétée en 1848, l'Europe allait devoir s'inventer des preuves scientifiques de l'infériorité du nègre pour s'autoriser de nouvelles conquêtes et se lancer plus librement dans la colonisation de l'Afrique.

II

Le nègre colonial

A son tour la conquête coloniale s'est dotée d'un imaginaire d'où est sortie la plupart des clichés qui hantent encore nos structures mentales quant à la représentation de l'Autre. De l'anthropophage emplumé au brave tirailleur qui affronte les balles d'un indéfectible « y a bon » à toute épreuve, l'imaginaire colonial s'est inventé des personnages humoristiques destinés à légitimer le pouvoir colonial et son paternalisme prétendument civilisateur. Et ces images, qui ont bercé des générations de jeunes enfants et dont nous ne connaissons plus l'origine, structurent l'imaginaire collectif occidental et occupent une place toujours vivante dans notre imagerie de l'Afrique.

Du dangereux indigène au cannibale sympathique : les images du théâtre à l'époque coloniale[1]

« *Ce roi anthropophage hantera l'imagination de nos enfants, comme ont hanté la nôtre les héros de* Michel Strogoff *et du* Tour du monde en 80 jours. »
(*Comoedia illustré*, décembre 1919)

Le théâtre a une responsabilité indéniable dans la fabrication des clichés, en particulier ceux qui touchent à la représentation de l'Autre. Il faut dire que le théâtre a été durant des siècles le seul média populaire. Victime de la censure, récupéré par le pouvoir et souvent même instrument de propagande, cet art de représentation a, pour une bonne part, contribué à façonner les images qui hantent aujourd'hui encore la conscience collective. C'est ainsi par exemple que la figure du bon roi nègre anthropophage s'est imposée dans les années vingt avec le succès retentissant de Malikoko au théâtre du Châtelet. Et ce nègre vorace, mais tellement drôle, qui faisait bouillir dans son chaudron les pauvres explorateurs égarés, devint l'ogre exotique de toute une génération de petits Parisiens.

Le nègre qui fait peur

Dès les dernières décennies du XIXe siècle, le monde du spectacle s'était largement fait l'écho de l'expansion coloniale en magnifiant la conquête dans des pièces exotiques à grand

1. Paru dans le dossier « L'image de l'Autre », *Africultures*, n°3, décembre 1997.

spectacle. Le Châtelet avait adapté *La Vénus noire*[1] d'Adolphe Belot en 1879 et en 1895 l'Opéra-Comique avait fait jouer *Le Roman d'un Spahi*[2] d'après l'œuvre de Pierre Loti. Les victoires de l'armée française sur Samory et Behanzin avaient fait l'objet de grandes fresques militaires : *Cinq mois au Soudan*[3] aux Arènes du Bois de Boulogne, *La Conquête du Dahomey*[4] au Théâtre du Châtelet, *Au Dahomey*[5] au Théâtre de la Porte Saint-Martin, *Les Français au Dahomey* au Cirque d'Hiver, *Un héros au Dahomey* dans la grande salle du Tivoli-Wauxhall, etc.

En fait, dès la fin de l'année 1892, peu après la victoire de l'armée française à Abomey, la plupart des théâtres de Paris et de Province programmèrent des pièces à grand spectacle qui mettaient en scène le Dahomey et ses furieux guerriers que les courageux soldats français étaient parvenus à mâter.[6] Les intrigues de ces pièces coloniales étaient interchangeables et obéissaient toutes au même schéma : venus accomplir leur

---

1. Adolphe Belot, *La Venus noire*, pièce en cinq actes et douze tableaux, représentée pour la première fois sur le Théâtre du Châtelet, le 7 septembre 1879.

2. Louis Gallet et André Alexandre, *Le Spahi*, poème lyrique en quatre actes, d'après le roman de Pierre Loti, représenté pour la première fois sur le Théâtre National de l'Opéra-Comique, le 18 octobre 1897, Calmann-Lévy, Paris, 1897.

3. E. Gugenheim et G. Lefaure, *Cinq mois au Soudan*, grande pantomime militaire en quatre étapes, représentée pour la première fois dans les Arènes du Bois de Boulogne, le 13 juillet 1891, Imp. des Arts et Manufactures et Dubuisson, s.d.

4. Dennery, *La Conquête du Dahomey*, pièce militaire et historique, représentée pour la première fois sur le Théâtre du Châtelet.

5. F. Oswald, E. Gugenheim et G. Lefaure, *Au Dahomey*, pièce en cinq actes et 10 tableaux, représentée pour la première fois sur le Théâtre de la Porte Saint-Martin, le 10 décembre 1892, Paul Ollendorff, Paris, 1893.

6. Par exemple, on peut signaler : *Béhanzin ou la prise de Kana* de Garnier et Mihiels, pantomime jouée au Bataclan en février 1893 ; *Patara au Dahomey* de Boucart et Marietti, pantomime jouée au Théâtre des Nouveautés en décembre 1895 ; *La Guerre au Dahomey* de Marot, Péricaud et Noellet, drame joué à Amiens en décembre 1892 ; *Les Aventures de trois Marseillais au Dahomey* de Maunier, Normand et Graffan jouée à Marseille en juillet 1893.

mission humanitaire et civilisatrice, les Blancs sont confrontés à la sauvagerie de peuples cannibales, adeptes des sacrifices humains et pratiquant encore l'esclavage.

Le spectacle était tout entier dans l'exhibition de l'Afrique et de ses indigènes. On se passionnait pour les grandes pantomimes : le Soudan aux Arènes du Bois de Boulogne, le Congo à l'Hippodrome. Même le music-hall organisait des revues exotiques avec d'authentiques sauvages. En 1878, les Folies-Bergère accueillent les terribles Zoulous. Le Casino de Paris donne le spectacle de cent Dahoméens et vingt-cinq Amazones en 1893.

L'image que le monde du spectacle donne des Africains épouse les représentations qu'en propose la presse pour justifier la mission coloniale : ce sont des sauvages qui ne connaissent rien du monde civilisé et se montrent d'une grande cruauté. On déterre les vieilles hantises, tandis que la science leur donne un vernis d'authenticité et que les reconstitutions pseudo-ethnographiques prennent le relais. En 1887, le Jardin d'Acclimatation offre le spectacle d'une tribu Achanti avec guerriers, femmes et enfants, c'est au tour des Somalis en 1895. Et en 1900, ce sera un village d'Abyssinie qui fera sensation à l'Hippodrome.

Les théories scientifiques, dans la mouvance darwiniste, font de l'Africain un primitif, tout droit sorti de la préhistoire, dont l'évolution s'est arrêtée à l'âge de pierre. Les affiches qui annoncent le spectacle des Zoulous ou celui des Achantis nous donnent à voir des guerriers aux corps convulsés, vêtus de plumes ou de peaux de bête, bouclier et sagaie au poing, un rictus effrayant sur le visage. Le Casino de Paris montre une Amazone en furie, qui, bardée d'un sabre et d'un fusil, brandit des têtes coupées.

Dès le premier tableau de *Au Dahomey* les confidences de Bernier, le colon endurci, au jeune Pascal fraîchement débarqué, font assez bien les présentations :

BERNIER : Avec le temps, on s'y fait, je t'assure !...
PASCAL : A la fièvre, soit ; mais aux moricauds !...
BERNIER : Ah ! les moricauds ne sont pas commodes.
(1er tableau, scène 11)

Ces sauvages dont les Européens sont venus extirper la barbarie représentent un péril permanent et contribuent d'ailleurs au climat menaçant de l'Afrique. Ils apparaissent d'autant plus dangereux qu'ils sont cannibales comme les "Niams-Niams farouchement accoutrés" qui figurent dans *La Vénus noire*. Un chroniqueur du *Moniteur* précise que s'ils n'ont pas "la queue simiesque dont les récits chimériques ornaient leurs échines", en revanche, "ils sont pourvus de mâchoires terriblement endentées". "L'Afrique, ajoute-t-il, ne compte point d'anthropophages plus voraces, la chair humaine est leur plat du jour".[1]

Cette atmosphère étouffante et sauvage fit facilement le jeu du Grand-Guignol, notamment dans des pièces que mit en scène Charles Dullin comme *Terres Chaudes*[2] de Henri-René Lenormand en 1913, ou *Le Démon noir*[3] d'André-Paul Antoine en 1922. Ces spectacles puisaient l'essentiel de leurs effets d'épouvante dans la peur que suscitaient les indigènes et l'étrangeté de leur coutumes sanglantes. Ceux-ci incarnent la menace permanente qui couve. Un des personnages de *Terres chaudes* les définit comme "des brutes emplumées qui vous lâchent des javelots empoisonnés dans le dos" (II, 1).

Aussi, dans ces pièces, les indigènes, qui n'ont pas encore été touchés par la grâce de la civilisation, apparaissent-ils comme des sauvages sanguinaires et incohérents, prompts à s'enflammer et à verser le sang. Et il faut d'abord les empêcher de s'entre-tuer ! Les nègres du *Démon noir*, sous l'emprise de forces maléfiques, éventrent l'innocente et fidèle Diba. On ne sait pas du reste ce qui les a poussés à ce geste monstrueux. Le mystère angoissant plane et de toute façon, d'après l'un des personnages, "avec les nègres, on ne sait jamais" (Acte I, p.7).

---

1. Paul de Saint-Victor, *Moniteur universel*, 8 septembre 1879.
2. H. R. Lenormand, *Terres chaudes*, pièce en deux actes, représentée pour la première fois au Grand-Guignol, le 14 juin 1913, in *Comoedia* n° du 12 janvier 1914.
3. André-Paul Antoine, *Le Démon noir*, drame en deux actes et trois tableaux, représenté pour la première fois au Grand-Guignol, le 25 janvier, 1922, in supplément théâtral à la revue *Le Capitole*, Ed. Revue littéraire, théâtrale et biographique, Paris, 1923.

Le nègre qui rassure

Néanmoins la propagande coloniale ne pouvait guère se passer d'images plus sereines qui donnent de la conquête une idée positive. L'action française aux colonies n'était-elle pas un succès comme le prouvaient ces magnifiques bataillons de tirailleurs fiers et altiers qui n'avaient plus rien à voir avec les hordes de sauvages terrifiants ? La colonisation avait fait son oeuvre : pacifier, organiser, ordonner ; et le tirailleur, dans son costume tricolore, devenait l'emblème de cette réussite.[1]

Créés au Sénégal en 1857 par Faidherbe, les bataillons de soldats noirs furent vraiment connus du grand public en 1879 grâce à une action d'éclat qui avait sauvé le capitaine Galliéni. Aussi ne manque-t-on pas de retrouver ces soldats noirs au théâtre comme les sauveurs qui arrivent à la rescousse. C'est une troupe de spahis soudanais qui sauvent les Blancs que Samory s'apprête à massacrer dans *Cinq mois au Soudan,* ce sont aussi des soldats noirs qui sauvent Abomey des flammes dans la pièce de Dennery.[2]

C'est en effet avec la guerre au Dahomey que la presse avait commencé à faire des tirailleurs de véritables héros. Les troupes noires d'Afrique avaient prêté main forte aux soldats français dans le conflit dahoméen. Et *Le Petit journal* comme *Le Moniteur* avaient montré dans leurs colonnes le débarquement des bataillons à Kotonou et la réussite de leur action.[3] Ils apparaissaient comme une force tranquille avançant paisiblement mais à la détermination inexorable, et contrastant bien sûr avec le désordre des sauvages dahoméens mis en déroute[4] ; un jeu d'opposition dont le théâtre s'empare

1. Marc Michel, "L'image du soldat noir", in *Images et colonies, iconographie et propagande coloniale sur l'Afrique française de 1880 à 1962*, ouvrage collectif, BDIC-ACHAC, Paris, 1993, pp. 86-90.

2. Hans-Jürgen Lüsebrink, "Les troupes coloniales dans la guerre : présences, imaginaires, représentations", in *Images et colonies, op. cit.*, pp. 74-85.

3. *Le Moniteur*, 8 octobre 1892.

4. *Le Petit Journal*, Complément illustré, "Entrée du drapeau français à Abomey", n° du 10 décembre 1892, p.400.

facilement, dans *Le Saphi* par exemple, où l'ordre et la paix qui marquent le tableau du campement des tirailleurs contrastent avec le désordre et la lascivité qui règnent dans celui de la bacchanale africaine.

Mais les tirailleurs des spectacles parisiens sont encore des acteurs blancs grimés. C'est en fait le 14 juillet 1899 que la foule parisienne voit défiler à Longchamp les vrais soldats noirs des bataillons d'Afrique. La propagande militaire, s'empare alors de l'enthousiasme que suscitent ces soldats étonnants et dans les années qui précédent la guerre de 14, le tirailleur devient le symbole du soldat courageux, symbole d'autant plus plaisant que cette "force noire" que défend notamment le général Mangin persuadé que réside dans ces bataillons d'Afrique l'avenir militaire de la France, fait enrager l'Allemagne qui s'indigne que son adversaire ose enrôler des sauvages dans son armée.

Solide soldat, grand et fort, toujours souriant et séducteur, au bras d'une charmante infirmière, le tirailleur devient une figure sympathique que l'on retrouve partout : cartes postales, bandes dessinés, caricatures, affiches publicitaires... Il incarne un optimisme à toute épreuve et permet de dédramatiser la guerre avec son "Y a bon !".

D'ailleurs, après l'armistice, on oublia les soldats noirs morts pour la France, mais l'ami Y-a-bon et son sourire enjôleur, sur les affiches Banania, devint un personnage familier.[1] C'est ainsi que pour la reprise de *Terres chaudes*, devenue *A l'ombre du mal* au Studio des Champs-Elysées en 1924, Lenormand ajouta le personnage de Moussa, paisible et obéissant soldat qui exécute tout ce que lui demande Rougé "en s'épanouissant dans un large sourire" sans oublier l'acquiescement du "Y a bon !". Voilà le sourire de l'Africain domestiqué, assagi, qui témoigne des bienfaits de la colonisation sur la sauvagerie nègre. Et ce grand enfant complice des plus petits, bon génie en chocolat placide et sympathique, est bien la preuve que l'entreprise coloniale se veut avant tout pacificatrice.

---

1. Jean Garrigues, *Banania, histoire d'une passion française*, Du May, Paris, 1991.

Le nègre qu'on adore

Cependant, en devenant une figure sympathique, le tirailleur avait perdu de son exotisme : la propagande militaire en avait fait une image quasi familière. Comment alors concilier la sauvagerie exotique de l'Afrique et cette toute nouvelle drôlerie bonhomme qui plaisait tant chez le nègre ?

Bien sûr, la presse travaillait depuis longtemps à désamorcer toute image angoissante de l'Afrique en jouant de la caricature. Ces rois cannibales qui ordonnent le supplice des Européens comme Samory, ou Mounza dans *La Vénus Noire*, et qui font enlever des jeunes filles comme Béhanzin, auraient dû susciter la peur. Rien de tel cependant car on s'empressait de les tourner en dérision et d'en faire un sujet constant de plaisanterie. Le stéréotype du sauvage cannibale patibulaire et tellement saugrenu : anneaux aux oreilles, os dans le nez, sagaie au poing, et plumes dans le derrière, faisait plutôt rire. Mais il n'apparaissait pas comme sympathique.

Au plus fort de la guerre coloniale, ces caricatures flattaient surtout le sentiment de supériorité du Blanc. Du haut de sa puissance militaire et technologique, la France n'allait tout de même pas se laisser impressionner par une bande de "bougnouls"[1] qui s'excitaient au fond de la brousse. La presse patriotique dénonçait le manque d'énergie de l'armée française mise en difficulté au Dahomey et s'indignait vertement : "un nègre ridicule, entouré de femmes, de guenons plutôt, qui composent à la fois sa garde et son harem, se moque de nous".[2] Elle préconisait d'infliger au plus vite à "l'affreux moricaud ce qu'il mérite, car, disait-elle, il est inadmissible qu'une nation comme la France puisse être lésée, bafouée par un sauvage de l'espèce de Béhanzin".[3]

---

1. C'est précisément autour de 1890 que "bougnoul", qui signifie *noir* en ouolof, commence à être utilisé par les Blancs du Sénégal pour désigner les Africains. Il faut attendre le XXe siècle pour que le terme soit utilisé au sujet des Arabes en terme dépréciatif.
2. *Le Petit journal*, 20 août 1892.
3. *Ibid.*

La propagande coloniale s'empressa de commander des images aux fabricants d'Epinal, les caricaturistes de presse déclinèrent le cannibalisme sous tous les angles, tandis que la réclame naissante récupérait l'humour qui commençait à auréoler l'Africain.[1]

Caricatures et images d'Epinal empruntèrent bientôt à l'allure ridicule de Jim Crow et des minstrels, ces clowns noirs venus des Etats-Unis, tellement risibles avec leur chapeau claque et leur redingote. Les figures humoristiques du folklore américain étaient largement mises à contribution. On retrouvait ainsi dans ces gravures des allures de "Zip Coon", le dandy noir au binocle, et quelques traits du "Colored Grenadier", avec son képi empanaché, ses énormes épaulettes, et les rangées de boutons rutilants sur sa poitrine bombée. Dès que le nègre croyait avoir un peu de pouvoir, il revêtait les oripeaux du Blanc ! Comme ces grands gorilles noirs débarqués d'Amérique pour boxer à Paris et qui jouaient les dandys dans les bals à la mode. Seulement un nègre en costume d'alpaga n'a guère plus d'élégance qu'un éléphant qui tente de se faire passer pour une ballerine.[2]

Le stéréotype du roi nègre s'était ainsi figé dès le début du siècle comme le prouvent les affiches publicitaires.[3] Un galure haut de forme en guise de couronne, une canne chic pour sceptre, monocle, porte cigarette, distinction ! Mais... ses grands pieds n'ont pas trouvé de chaussures, et bien sûr, il est tout nu, ou presque, sous une redingote de smoking étriquée, un plastron en collier et des manchettes empesées aux poignets. Ajoutez à cela, quelques fioritures militaires empruntées aux représentations de Toussaint-Louverture, histoire de rappeler ses prétentions tyranniques et son goût pour la guerre ; on ne pouvait imaginer plus ridicule aux yeux des Francais,

---

1. Raymond Bachollet, "Humour blanc, humour noir", *Le Collectionneur français*, n°242-243, Paris, 1987.
2. "Rois nègres, rois de fête, rois d'opérette", *ibid.*
3. Cf. R. Bachollet, Jean-Barthélémi Debost, Anne-Claude Lelieur, Marie-Christine Peyrière, *Négripub : L'image des Noirs dans la publicité*, Somogy, Paris, 1994,

champions de l'élégance. Un nègre qui se prend pour un homme du monde !

Cette représentation satirique entra facilement dans l'imagerie populaire. Aussi, quand Mouëzy-Eon imagina son personnage de Malikoko, il s'inspira de ces images et inventa un roi cannibale qui devait sans tarder bercer les imaginations de centaines de petits Français entre les deux guerres : il avait la sauvagerie de l'anthropophage, le sourire sympathique du Y-a-bon et le ridicule clownesque du roi nègre.

Au lendemain de 14-18, M. Fontanès, le directeur du Châtelet, avait commandé au vaudevilliste à la mode une pièce à grand spectacle qui dépayse, divertisse et amuse le public. Mouëzy-Eon avait alors plus ou moins repris *La Vénus noire*, spectacle monté quarante ans plus tôt, mais cette fois avec une optique délibérément loufoque et humoristique. Ce fut *Malikoko, roi nègre* ![1] La pièce remporta un succès retentissant, le plus lucratif de l'entre-deux-guerres. Elle fit les heures de gloire du Châtelet qui la reprit en 1925 et en 1930.

Malikoko y apparaît sur un trône entouré de favorites. Son costume mêle les plumes de sauvage et les accessoires occidentaux à la mode ; il porte une jupette et des anneaux, mais arbore également un monocle et un chapeau militaire empanaché, ainsi qu'une veste festonnée. Il se veut distingué, il aime les manières européennes, sait faire marcher un phonographe, "parle comme les Blancs, sans abuser des infinitifs" (tabl.14, sc. 2).

S'amusant avec les idées reçues, Mouëzy-Eon avait fait de Malikoko un nègre neurasthénique qui broie du noir quand il n'a pas à son menu une bonne brochette de Blancs. Malheureusement, c'est son anniversaire et aucune viande blanche au menu. Aussi, même la musique que lui jouent ses favorites ne parvient à l'égayer. De fidèles sujets cependant, soucieux de fêter dignement leur roi, viennent de capturer quatre Blancs fort dodus, les héros de l'aventure venus visiter la

---

1. Mouëzy-Eon, *Malikoko, roi nègre*, pièce en quatre actes et 29 tableaux, représentée pour la première fois sur le Théâtre du Châtelet, 9 décembre 1919. Première version publiée dans le programme du Châtelet, Paris, 1920.

brousse africaine. "Le nègre du monde", selon la formule de Miss Kitty, se montre plein de civilités et fort galant avec la demoiselle, car il ne souhaite pas contrarier ce gibier de choix : à ce qu'il dit, la mauvaise humeur rend la viande amère. Quant aux sauvages du village sur lequel règne Malikoko, revêtus de maillots noirs, "ils sont passés à l'encre, ont les lèvres écarlates, des cheveux crépus, des anneaux dans le nez et dansent éperdument",[1] note Armory dans *Comoedia*.

A en croire la presse, ce gentil cannibale qui se pourlèche les babines à la vue du Blanc était irrésistible de drôlerie : Malikoko était un héros fait pour les enfants. Le *Comoedia illustré* annonçait dès la création de la pièce en 1919 : "Ce roi anthropophage hantera l'imagination de nos enfants, comme ont hanté la nôtre les héros de *Michel Strogoff* et du *Tour du monde en 80 jours*."[2] Toutes les critiques s'accordaient à citer la scène où le roi convoque son cuisinier avec ses coutelas, ses rôtissoires et ses lèche-frites comme la scène la plus drôle de la pièce. Fernand Gregh remarquait qu'elle amusait autant les petits que les grands : "Entendez les rires puérils quand Malikoko parle de mettre Miss Kitty et ses compagnons à la broche, et les tâte pour choisir les plus gras".[3] Ce bon roi nègre sympathique et gai partageait avec le brave tirailleur, qui vantait aux enfants le bon goût du chocolat, le même sourire carnassier. Le spectacle était plaisant pour les petits et leur laisserait des souvenirs inoubliables. De retour à la maison, suggérait un critique, "ils pourront s'endormir paisiblement et revoir dans leurs rêves le sourire terrible du nègre et les Blancs qu'il désire manger."[4]

Comme le veut l'imagerie enfantine, le bon génie que représentait le tirailleur trouvait son pendant maléfique. La fée Y-a-bon avait enfin sa sorcière : un croquemitaine exotique, un cannibale inoffensif qui fait peur aux petits enfants et les amuse

---

1. Armory, *Comoedia*, 28 février 1920.
2. *Comoedia illustré*, numéro de décembre 1919.
3. Fernand Gregh, *Comoedia*, 11 décembre 1919.
4. Pierre Wolff, *La Semaine dramatique*, 13 décembre 1919.

en même temps. "Il est celui qui fait plaisir d'avoir peur",[1] écrivait encore Fernand Gregh.

L'entre-deux-guerres vit alors éclore de nombreux pastiches de Malikoko, notamment *Malices, Coco, joies nègres* de Jean Bastia au Perchoir, et surtout *Malin-Kuku*, une opérette de Mauprey et Blondhin, à la Gaîté Montparnasse en 1921. Et quand le Châtelet remonta la pièce en 1925, Mouëzy-Eon transforma complètement l'intrigue, mais l'on conserva le brave Malikoko, qui n'avait pas pris une ride, et dont le rôle fut confié au clown Mylos. Ce roi adepte du jazz-band et des girls, avait juste troqué son chapeau militaire contre un costume à la mode et avait l'allure d'un dandy noir américain :

"*Ce nouveau Malikoko est un fort plaisant cannibale ; il s'est mis au goût du jour. Il parle avec élégance, il s'habille, en nègre bien entendu, chez le bon faiseur ; il fait cuire ses victimes blanches selon les procédés modernes de l'art culinaire ; il a le sentiment très net de sa supériorité sur tous les monarques de la terre. Bref il est brave homme, sauvage et homme du monde.*"[2]

Le Soir salua la qualité tonique et vivifiante du spectacle pour la morale de la jeunesse : "Des émotions simples, de la gaîté saine et de belles images."[3] Et ce croquemitaine moricaud, plus célèbre en son temps que Joséphine Baker, ne devait-il pas contribuer au décervelage de toute une génération ?

---

1. Fernand Gregh, *op. cit.*
2. Maxime Girard, le 16 juin 1925.
3. Théodore Honoré, *Le Soir*, 10 juillet 1925.

La nouba du tirailleur[1]

« Car les poètes chantaient les héros, et votre rire n'était pas sérieux, votre peau noire pas classique. »
Léopold Sédar Senghor, *Hosties noires*, Seuil, 1948.

A Longchamp, lors des défilés militaires du 14 juillet 1899, la France réalise que son armée compte dans ses rangs de formidables bataillons de soldats africains. Ils sont grands, forts, d'allure peu commode, mais ils incarnent surtout l'orgueil national recouvré après l'humiliation de 1870. Sous les ordres du valeureux capitaine Marchand, ils ont résisté vaillamment aux soldats de Lord Kitcher et n'ont pas cédé la forteresse de Fachoda. Bastion plus symbolique que véritablement stratégique, puisqu'il était désaffecté... mais qu'importe ! C'est le début d'un mythe que la propagande patriotique ne manquera pas de nourrir d'autant que, tout au long de la première décennie du siècle, au Tchad, au Gabon, au Congo et surtout au Maroc les tirailleurs ne cessent de s'illustrer et participent héroïquement à l'entreprise de "pacification" de l'empire qui avance.

En 1910, le Colonel Mangin qui avait participé à la mission Marchand, voit dans les bataillons de tirailleurs qu'il nomme "La force noire" l'espoir de la nation française reconstruite et déclare : "*Dans l'état actuel de l'Europe "la force noire" fait de nous le plus redoutable des adversaires*."[2] Voilà à l'évidence de quoi compenser l'affaiblissement démographique de la France.

1. Paru dans *Africultures*, dossier "Tirailleurs en images", n° 25, février 2000. Remerciements à Martin Pénet pour son aide précieuse dans la recherche des chansons et des partitions.
2. Charles Mangin, *La Force noire*, Hachette, 1910, p.343.

Face à son rival allemand qui comptait déjà près de 70 millions d'habitants, soit presque le double de sa population, la France avait un réservoir humain aux colonies et devait simplement élargir ses frontières nationales : "*La création de l'armée noire démontrera l'unité du domaine national*",[1] affirmait le Colonel Mangin. "*Tous les Français comprendront que la France ne s'arrête pas à la Méditerranée, ni au Sahara, qu'elle s'étend jusqu'au Congo ; qu'elle constitue un empire plus vaste que l'Europe et qui, dans un demi-siècle, aura 100 millions d'habitants.*"[2] Entre 1910 et 1918, on se lança donc en Afrique dans des recrutements massifs de soldats coloniaux dont notamment 200 000 tirailleurs africains. Et tandis qu'affiches coloniales et cartes postales militaires, dessins et photographies les montrent sous toutes les coutures, toujours souriants et plutôt contents de leur sort, braves soldats placides, sauvages parfaitement domestiqués, ceux qu'on surnomment les "petits turcos" deviennent des figures attachantes, drôles et exotiques qui séduisent aussi les auteurs de chansons. Les voilà, dès le début du siècle, héros de rengaines patriotiques. Mais "la force noire" s'y trouve curieusement mâtinée d'Orient. Par un surprenant jeu d'analogies exotiques qui traduit bien la méconnaissance de l'Afrique, on prête à ces soldats tout ce qui évoque déserts et contrées lointaines : la Nouba des régiments d'Afrique du Nord, la marche des Zouaves, tandis que les paroliers convoquent le vocabulaire colonial à la mode, de la "mouquaire" au "gourbi" en passant par "macache", "bezef" ou "kif kif".

Venu des confins de l'Afrique, il est impressionnant ce soldat au visage sombre à la stature démesurée, sa bouche, ses yeux, ses pieds en imposent. Il n'a gardé du sauvage que la force et une détermination un peu butée, qu'il met désormais au service de la nation française. "Les yeux comme des miroirs", "la bouche plaisante", "les turcos sont des Français noirs" chante Adolphe Maréchal dans *La Marche des Tirailleurs*, une chanson de Ben Tayoux enregistrée en 1903. Et le refrain en dit

1. *Ibid.*, p.355.
2. *Ibid.*, p.355.

long sur ce que l'imaginaire de l'époque investissait dans ces figures militaires :

"Les turcos sont de bons enfants
Mais il ne faut pas qu'on les gêne
Autrement la chose est certaine
Les turcos deviennent méchants".

Bambara ou toucouleur, l'Africain avait selon le colonel Mangin, "les qualités que réclament les longues luttes de la guerre moderne : la rusticité, l'endurance, la ténacité, l'instinct du combat, l'absence de nervosité, et une incomparable puissance de choc".[1]

Le voilà le vrai épouvantail capable de tenir en respect le Prussien :

"Moi cours en avant,
En avant !
Fair' couic couic aux All'mands !"

chante en 1914 Gaston Montéhus sur l'air de "La Marche des Zouaves" avec *Pan Pan l'Arbi*. Comme le prouvent les formules hypocoristiques qui collent à l'évocation des tirailleurs et traduisent bien plus qu'un simple paternalisme colonial, les tirailleurs jouent déjà manifestement les jokers dans le conflit franco-allemand. "*Bons* enfants", "*braves* soldats", "*nos* tirailleurs", "*nos petits* soldats", "les *petits* turcos", viennent à la rescousse :

"Moi li sais bien, toi pas voulu la guerre
Toi li Français, c'est kif kif le bon dieu.
Mais sal' Pruscot venir pour tuer ta mère
(...)
Moi li souis sûr, la Franc' jamais mourir,
Car moi pour toi li souis bon camarade,
Si toi pas vivre, ici moi dois mourir !"

---

1. *Ibid.*, p. 343.

Le 14 juillet 1913, les bataillons d'Afrique font un tabac à Longchamp. Le tirailleur incarne la séduction colorée de l'uniforme, l'exaltation des rythmes de la fanfare et de ses percussions, et bien sûr le rêve exotique. Il devient une figure populaire, objet de fascination mis à distance humoristique par l'impossibilité en même temps de pouvoir imaginer tout contact amoureux. Bou-dou-ba-da-Bouh ! le personnage de la chanson de Lucien Boyer que chante Mayol en 1913 en est le prototype :

"Parmi les Sénégalais
Qu'on fit venir pour la revue
L'jour du quatorze juillet
Se trouvait, la chose est connue,
Un grand gaillard à la peau noire,
Aux dents comm' l'ivoire"

A côté des images que font circuler les cartes postales, les chansons populaires, proposent de véritables histoires et alimentent la légende. Elles racontent les aventures amoureuses et héroïques des tirailleurs. Bou-dou-ba-da-Bouh joue les bourreaux des cœurs avec une jolie blonde dans la chanson de Mayol :

"Mais l'Turco... pas d'veine...
R'partit sur la terre africaine.
(...)
Elle ne cessait de gémir
Et s'lamentait de son absence,
Il faut bien en convenir
L'Turco l'avait prise par les sens-se
Dans l'affolement de son être
Elle osa s'permettre
D'écrir' même dans une lettre
A M'sieur Poincaré :
J'ai le cœur si navré
Où est mon adoré ?"

Mais ce sont surtout les actions d'éclats des tirailleurs qu'exalte la chanson. Le brave tirailleur est un tirailleur qui meurt au combat. C'est d'ailleurs la chute de toutes ces chansons qui évoquent tirailleurs et turcos :

"Et lorsque l'un des leurs succombe
La mort leur fait une faveur,
Car pour eux la plus belle tombe
Et cell' qu'on creuse au champ d'honneur"

disent les paroles de *La Nouba* sur la musique de Piccolini en 1910.

Après un long voyage, "le petit turco" vient se sacrifier pour les Français. Il a entendu l'appel :

"La France est ta mère chérie,
Donne ton sang
Pour la Patrie",

et s'est arraché à sa terre natale pour venir défendre ses camarades. "Petit turco, grand soldat" dit la chanson de Georges Sibre et Virgile Thomas (*Petit Turco*) en 1914 :

"Quitte ta moukère aimante et fidèle,
Serre dans tes bras ton fils endormi,
Car là-bas sur les plaines de France
Où l'on t'attend,
Ton pays souffre".

Et celui qui clame *"moi li venir servir la France"* dans *"Pan Pan l'Arbi"* ne manque pas de pousser le couplet du sacrifice :

"Grand chef a dit : c'est pour la liberté,
J'ti donne' mon sang pour son indépendance,
J'ti donn' mon cœur pour la fraternité !"

Même Bou-dou-ba-da-Bouh n'y coupe pas ; lui aussi meurt au combat :

"Oui, mais en mourant sur son cœur,
Il a pris sa bell' croix d'honneur."

Ces "chansons nègres", comme on les appelle à l'époque, servent plus que jamais la propagande patriotique. Non seulement elles proposent l'exaltation du sacrifice et du courage, mais elles le font sur un mode enlevé et humoristique. Le style nègre autorise toutes les onomatopées, un peu d'infantilisme et de naïveté, le langage petit-nègre et surtout les allusions grivoises :

"Si Pruscot venir, moi coup' kiki,
Moi coup' kiki"

rassure le tirailleur de *Pan Pan L'Arbi.* La flûte en acajou de Bou-dou-ba-da-Bouh se prête bien sûr à toutes les polissonneries :

"Quand son régiment défilait
Au son joyeux des flageolets
Le Tout Tombouctou
Admirait surtout
Celui d'Bou-dou-ba-da-bouh !",

à tous les fantasmes aussi :

"Tout's les femmes sont folles de lui,
Et c'qui m'désol' c'est qu'aujourd'hui
cell's de Tombouctou doivent fair' joujou
avec Bou-dou-ba-da-bouh !"

Et même si la fin de la chanson se voudrait plus grave, puisqu'un soldat de la légion vient annoncer à la jolie blonde la mort au combat de *"celui qui jouait si bien du flageolet",* il lui rapporte les reliques du tirailleur en disant :

"Mam'zell'c'est pour vous,
C'était l'seul Bijou
Du pauvr' Bou-dou-ba-da-bouh !"

Toujours contents et souriants, "emportés" par la musique, ces soldats d'Afrique ne donnent pas de la guerre une image sanglante et violente :

"Hourrah ! hourrah !
Moi suis bien content
quand le canon tonne"

chante le soldat de *Pan Pan l'Arbi*. Et c'est le cœur léger que les bataillons de *La Nouba* courent à l'ennemi :

"Le sourire aux lèvres
Et le cœur en fièvre
Les p'tits turcos
Mont'nt à l'assaut
Sans soucis des pruneaux".

Les chansons proposent un modèle physique de robustesse et de résistance du corps et du moral. On reconnait bien dans les soldats de *La Nouba* ce "tirailleur qui unit la solidité du roc à sa dureté"[1] comme le décrivait en 1911 le capitaine Marceau :

"Nos tirailleurs
Méprisant la chaleur
chantent des refrains, tous en chœur.
Ils s'en vont sur les routes blanches
L'air crâne et le front découvert
Pleins d'entrain et l'allure franche."

Soldats qui avancent avec un moral d'acier, les tirailleurs ne cèdent pas au découragement, "dopés" qu'ils sont par la musique qui ne les quitte pas comme doivent le faire ces chansons revigorantes pour les courageux poilus. Ce que chante le refrain de *La Nouba*, c'est que ces braves soldats ne s'arrêtent jamais, ils sont remontés comme des mécaniques par les accents de leur musique :

---

1. Capitaine Marceau, *Le Tirailleur soudanais*, Paris, Berger-Levrault, 1911, p. 3.

"Au son du fifre et des tambours
Les turcos se battraient toujours
C'est la Nouba pour laquell' meur'nt ces fiers sodats."

Et si "le petit turcos" à son tour, dans la chanson de Georges Sibre et Virgile Thomas, sur une musique de Francis Popy, *"entre dans la danse en combattant au son de la Nouba"*, c'est aussi au son de la Nouba qu'il rend l'âme :

"Au son de la Nouba,
Petit Turco, grand soldat,
Héros de la France chérie,
Tu meurs, béni par la patrie".

Même issue pour le fringant Bou-dou-ba-da-bouh :

"Il fit son devoir jusqu'au bout...
Et dans un combat,
Il est mort là-bas,
Avec La Nouba ! Ah ! Ah !"

Aussi, ne nous y trompons pas, ces chansons qui mettent en scène des tirailleurs, ne sont pas des chansons à la gloire des bataillons d'Afrique. Elles ne font qu'utiliser la figure du tirailleur comme un artifice plaisant. Baudruche bariolée qui fait fantasmer les filles pour rire ou grand gaillard qui n'a pas froid aux yeux et peut redonner du cœur au ventre des soldats en stimulant leur orgueil. Le sacrifice des 29 000 tirailleurs africains morts pour la France sera d'ailleurs complètement occulté en 1918 et il faudra attendre 1920 pour que l'on se ressouvienne de l'armée coloniale.

De même que les petites ballerines des boîtes à musique qui tournent sur elles-mêmes ne font pas la gloire des danseuses, le tirailleur musical sorti des chansons patriotiques ne saurait apporter la preuve d'une reconnaissance à l'égard des Africains morts pour la France.

La mascotte *Y-a-bon* à l'affiche[1]

"Mais je déchirerai les rires banania
sur tous les murs de France."
Léopold Sédar Senghor, *Hosties noires*, Seuil, 1948.

Après l'humiliation de 1870 contre la Prusse, la France se tourne vers ses colonies, promesses de revanche. Beaucoup voient déjà dans l'expansion coloniale une source de puissance économique et stratégique à ne pas négliger. Cependant, le gouvernement conservateur de Thiers, plus préoccupé par la politique intérieure que par l'expansion outre-mer, se montre plutôt frileux.

Après les élections de 1880, et l'arrivée au pouvoir des Républicains, le vent tourne. Sous l'impulsion de W.H. Waddington aux Affaires étrangères, et du vice-amiral Jauréguiberry à la Marine, les conquêtes coloniales sont encouragées et tout particulièrement celles qui concernent l'Afrique noire. Il est temps de pénétrer les terres et d'étendre les colonies vers l'intérieur. Des explorateurs remontent le fleuve Sénégal, établissent des repérages dans la vallée du Congo, signent des traités commerciaux avec des chefs indigènes. Ils rivalisent ici avec l'Angleterre, là avec la Belgique et étendent peu à peu la sphère d'influence française. Leurs exploits font dans la presse l'objet de chroniques qui enflamment jour après jour l'imagination des métropolitains.[2]

---

1. Paru dans *Africultures*, dossier "Tirailleurs en images", n°25, février 2000.
2. Jean d'Esme, *Les Défricheurs d'Empire*, Ed. de France, Paris, 1936 ; Anne Hugon, *L'Afrique des explorateurs*, Gallimard, Paris, 1991.

L'idéologie coloniale se dote d'un parti, fonde des comités et l'Exposition universelle de 1889 fait un vrai triomphe aux colonies. Affiches, gravures, photos se multiplient.[1] *L'Illustration*, *Le Petit journal*, les cartes postales tendent au grand public des images de la jungle africaine et de ses indigènes.[2] A l'instar du célèbre Schweinfurth, des artistes ethnographes, tels Léo Froebenius ou Herbert Ward, rapportent de leurs voyages de nombreux objets insolites qu'ils exposent et donnent des primitifs des représentations naturalistes qui étonnent l'Europe entière.[3]

On voit, au tournant du siècle, fleurir une littérature coloniale abondante,[4] nourrie aux sources de Livingstone ou de Burton, qui exalte l'entreprise civilisatrice de la France et la puissance grandissante d'un empire qui n'en finit pas de s'étendre. L'exotisme des Antilles cède la place aux horizons d'Afrique, et, hormis l'image du petit groom en livrée, l'on ne pense plus guère l'homme noir que comme l'indigène de ces contrées sauvages.

Adolphe Belot ouvre la voie en 1878 avec *La Vénus noire*, où il propulse dans une aventure africaine au fin fond de la brousse les héros de ses romans feuilletons, puis ce sera bientôt Pierre

---

1. Joseph Deniker, *Les Races exotiques à l'Exposition universelle de 1889*, Ed. du commissariat de l'Exposition, Paris, 1889.
2. *Etranges Etrangers : Photographie et exotisme 1850-1910*, Centre National de la Photographie, Paris, 1989 ; Charles-Robert Ageron, "Les Colonies devant l'opinion publique", *Cahiers de l'Institut d'Histoire de la Presse Française*, n°1, Tours, 1972.
3. Thornton Lynne, *Les Africanistes : peintres voyageurs 1860-1960*, A.C.R., Paris, 1990 ; au sujet de la sculpture, voir Anne Roquebert, "La sculpture ethnographique au XIXe siècle, objet de mission ou oeuvre de musée ?", in *La Sculpture ethnographique*, ouvrage collectif, Réunion des Musées Nationaux, Paris, 1994.
4. Au sujet de l'exotisme colonial dans la littérature française du début du siècle, voir l'analyse de Iyay Kimoni, *Une image du Noir et de sa culture: Esquisse de l'évolution de l'idée du Noir, dans les lettres françaises du début du siècle à l'entre-deux-guerres*, Messeiller, Neuchâtel, s.d., pp. 11-54 ; voir également Martine Loufti, *Littérature et colonialisme, l'expression coloniale dans la littérature romanesque française*, Mouton, Paris, 1971.

Loti avec *Le Roman d'un Spahi* en 1881 ; Zola lui-même donnera dans ce nouveau genre de littérature romanesque avec *Fécondité* en 1899. En ce XIXe siècle finissant, l'Afrique apparaît comme un horizon aux ressources insondables dont les sensations inédites peuvent régénérer le vieux continent.[1]

"Terres obscures" et "peuplades primitives" hantent une création littéraire en mal de renouveau. Et cette exaltation toute nouvelle de l'exotisme africain ne manque pas de gagner le théâtre dont l'influence sur l'opinion publique est encore sans pareille. Le monde du spectacle s'empresse de relayer la littérature et la presse, et se fait l'écho populaire de l'expansion coloniale en magnifiant la conquête dans des pièces militaires qui reconstituent les grandes victoires de l'armée française, comme *Cinq mois au Soudan* en 1891, puis *Au Dahomey* en 1892.

Jusqu'alors, l'Afrique n'avait jamais vraiment fait partie de l'univers dramatique, et ne représentait guère au théâtre que les souvenirs de voyage de quelque explorateur ridicule chez Eugène Labiche, Emile Augier ou Dumas fils. Dans les dernières décennies du XIXe siècle, on passe à un délire frénétique pour ces contrées chaudes, grouillant d'indigènes fascinants. On offre de grands tableaux sauvages de l'Afrique sur les scènes des théâtres et des music-halls.[2]

Une invention coloniale : l'emblème du sauvage domestiqué

L'animalité et la sauvagerie que l'on prêtait à ces peuples cannibales justifiaient la conquête, mais servaient aussi de faire-valoir à l'armée française. Réduire l'intelligence du nègre à celle d'un animal et donner des peuples africains une image

1. Au sujet de Loti, voir l'analyse de Léon Fanoudh-Siefer, "Pierre Loti ou la vision tragique de l'Afrique", in *Le mythe du nègre et de l'Afrique noire dans la littérature française de 1800 à la deuxième guerre mondiale*, NEA, Dakar/Abidjan/Lomé, 1980, pp. 55-118. (1ère édition, 1968)

2. Au sujet de la représentation de l'Afrique et des Africains au théâtre, voir Sylvie Chalaye, *Du Noir au nègre : l'image du noir au théâtre (1550-1960),* L'Harmattan, 1998.

échevelée permettaient de minimiser aux yeux de l'opinion publique les difficultés que rencontraient en Afrique les troupes de la IIIe République, car, en réalité, elles se heurtaient à une résistance soudanaise ou dahoméenne bien organisée.

Les soldats français au théâtre représentent donc droiture et honneur, valeurs dont ces sauvages avachis n'ont même pas idée. Le Capitaine de *Cinq mois au Soudan* ne plie pas devant le roi Samory :

SAMORY : Assieds-toi.

LE CAPITAINE : On reste debout quand on parle au nom de la France. *(Samory fait un geste de colère et les murmures de la foule augmentent.)*

SAMORY : Sais-tu que tu es bien hardi de me parler de la sorte ?

LE CAPITAINE : Je ne sais qu'une chose, c'est que je parle au nom de la France, et que celui qui parle au nom de la France est plus fort que le plus puissant des rois. (3e étape)

On magnifie la conquête coloniale en créditant ses acteurs d'une détermination à toute épreuve, au point d'en faire les héros d'une vaste épopée.

Les spectacles militaires jouaient ainsi sur un manichéisme rudimentaire. L'affiche qui annonçait *Au Dahomey* au Théâtre de la Porte Saint-Martin montrait à côté des hordes de sauvages noirs dépoitraillés, brandissant à bout de bras leurs fusils, les colonnes françaises, parfaitement ordonnées, étincelantes dans leurs uniformes immaculés, image ordonnée et paisible de la civilisation qui avance.

L'entreprise civilisatrice de la colonisation devait trouver un emblème. Si le nègre perdu au fin fond de sa brousse apparaissait comme un sauvage terrifiant, la venue messianique de la France devrait métamorphoser ces peuples et les ouvrir à l'ordre et à la justice. Dans *A l'ombre du mal* de Henri -René Lenormand, Maélik représente le Noir en pleine mutation, en pleine phase de bonification grâce à la présence salvatrice des Blancs : "J'ai oublié ma ruse natale... depuis que les Blancs sont venus dans ce pays. J'aime les Blancs. J'aime leur justice.(...)

Les noirs n'avaient pas de justice, avant votre arrivée." (Acte II, scène 4)

Malheureusement, la bonification de Maélik ne viendra pas à maturation. H. R. Lenormand, qui dénonce les perversités de la vie coloniale, met en scène un fonctionnaire malade et fou qui prend plaisir à exercer la justice à rebours pour en constater les effets sur la population indigène. Dans une affaire de meutre, Rougé s'amuse donc à condamner l'innocent Maélik. La leçon porte ses fruits, Maélik assassine à son tour une innocente. Le vin tourne au vinaigre !

Lenormand, dont les positions étaient assez anticolonialistes, dénonçait la responsabilité morale de l'Occident dans l'entreprise civilisatrice qu'il menait en Afrique, alors que ses propres valeurs étaient en perdition.

Cependant la propagande coloniale ne tenait pas à donner une impression complexe, voire ambiguë de l'action française. Il lui fallait des images plus sereines et plus claires. L'intervention française devait apparaître comme une réussite. Et pour ce faire, on brandit bientôt la figure héroïque du tirailleur sénégalais comme une figure emblématique des vertus de "la cure coloniale". En lui, toute trace du sauvage avait quasiment disparu. La bête avait été non seulement apprivoisée, mais surtout admirablement dressée. Avant : un sauvage emplumé agité de convulsions hystériques et simiesques, après : un grand Noir au port altier arborant un magnifique uniforme tricolore et une baïonnette rutilante.[1]

Qu'on le désigne comme spahi soudanais, milicien congolais, tirailleur sénégalais ou turco, le soldat noir enrôlé dans l'armée française, nouvel adepte et défenseur de la civilisation, voilà le grand mérite de l'entreprise coloniale. Ces sauvages d'Afrique, il est possible de les dresser, et le résultat est probant. Il n'y a pas soldat plus fidèle, plus obéissant, avec plus de constance, plus de gaieté. Rien ne peut atteindre son moral qu'il a d'acier comme son sourire étincelant.

---

1. Marc Michel, "L'image du soldat noir", in *Images et colonies : Iconographie et propagande coloniale sur l'Afrique française de 1880 à 1962*, ouvrage collectif, s/d N. Bancel, P. Blanchard et L. Gervereau, BDIC/ACHAC, Paris, 1993, pp. 86-90.

De la mascotte de guerre au bon génie rigolard de la réclame

Ces bataillons nègres que Faidherbe avait constitués au Sénégal en 1857 commencèrent à avoir une certaine notoriété en 1879 pour avoir sauvé la vie du capitaine Gallieni qui s'était aventuré en pleine brousse et avait été attaqué par deux mille pillards. Chéchia rouge, gilet de drap bleu, pantalon de cotonnade de style oriental, leur allure haute en couleur les distinguait des autres corps d'armée et laissa les Parisiens médusés quand ils défilèrent pour la première fois le 14 juillet 1899 à Longchamp.[1]

A la fin de *Cinq mois au Soudan*, ce sont les troupes de spahis soudanais avec à leur tête Castagnoul (un Blanc tout de même !) qui arrivent comme la cavalerie pour sauver les Européens que Samory allait supplicier. Dans le grand tableau qui couronne le spectacle, ils libèrent la ville en grande pompe. On a quasiment la même image avec la prise d'Abomey que ce requin de Béhanzin avait incendiée dans un ultime mouvement d'orgueil et de colère. N'écoutant que leur courage, les fiers héros à la chéchia arrachent les captives des flammes.

De vrais tirailleurs ne tarderaient pas à figurer dans les revues militaires et à faire la fierté de la nation. Ces bataillons que le colonel Mangin baptisa la "force noire"[2] devaient rapidement symboliser la réussite coloniale de la IIIe République.

C'est avec la guerre au Dahomey que la presse avait commencé à faire des troupes noires d'Afrique de véritables héros. Ils étaient la preuve vivante que tous les Africains ne rejetaient pas la colonisation française, bien au contraire, certains même lui prêtaient main forte en luttant à ses côtés. Le supplément illustré du *Petit journal* montrait le débarquement des troupes sénégalaises à Kotonou, venues apporter leur soutien aux Français dans le conflit dahoméen, tandis que dans les colonnes du *Moniteur*, un fait divers prouvait la droiture et

---

1. Hans-Jürgen Lüsebrink, "Les troupes coloniales dans la guerre : présences, imaginaires, représentations", *Images et colonies*, op.cit., pp. 74-85.
2. Charles Mangin, *La Force noire*, Hachette, Paris 1910.

l'honnêteté de ces soldats noirs. On était bien sûr convaincu que la résistance dahoméenne était armée par l'Allemagne. On racontait alors que l'ennemi avait tenté de circonvenir deux braves tirailleurs en permission à Bordeaux et qu'après force champagne, on avait cherché à leur soutirer des renseignements et même à les faire passer dans le camp de Béhanzin en leur offrant de l'argent. Mais intègres, les deux sous-officiers, "deux superbes Noirs de très haute stature", à en croire le *Moniteur*, "accueillirent fort mal ces honteuses propositions et s'empressèrent de donner à la police le signalement des deux racoleurs".[1]

Cette image morale et digne du tirailleur, on la retrouve sur la scène de l'opéra-comique en 1897, au troisième acte du *Spahi* de Gallet et Alexandre, où le désordre coloré et excentrique de la bacchanale africaine cède la place au campement militaire rigoureusement ordonné des tirailleurs sénégalais. Ce jeu d'opposition marquait déjà les illustrations dans la presse, comme cette entrée des troupes françaises à Abomey représentant dans l'assistance d'un côté des sauvages dahoméens sagaie au poing, de l'autre des tirailleurs en joie lançant leur chéchia ou pacifiquement assis sur un paquetage rangé et plié avec méthode.

Ce type de contraste fait encore l'ouverture du *Démon noir* d'A. P. Antoine au Théâtre du Grand-Guignol en 1922. Dartois donne alors des ordres à deux soldats qui doivent aider à la bonne marche de l'expédition de Millet, Samba et Sali :

DARTOIS, *à Samba* : Tu as compris ?
SAMBA : Oui, mon lieutenant.
DARTOIS : Répète...
SAMBA : Partir ce soir pour Tendouf... route de l'Adar... donner lettre au lieutenant Darbelles, après, attendre là-bas, mission et revenir avec.
DARTOIS : Parfait !... Ton méhara est prêt ?
SAMBA : Oui, mon lieutenant.
(...)

---

1. *Moniteur*, 8 octobre 1892.

DARTOIS : ...débrouille-toi pour ne pas être retardé. D'ici Tendouf, c'est au bas mot sept cents kilomètres de bled... il faut que tu y sois dans dix jours !

SAMBA : Oh !

DARTOIS : Marche la nuit, arrange-toi.

SAMBA : Bon.

(...)

DARTOIS : C'est compris ?

SAMBA, *résigné* **:** Oui, mon lieutenant !...

DARTOIS : Là-dessus, bonne chance et... reviens !

SAMBA : Inch-allah !

DARTOIS : Evidemment, s'il plaît à Dieu !

(Samba salue militairement et sort.)

DARTOIS *à Sali* **:** Quant à toi, tu accompagnes la mission... Aux ordres de M. l'ingénieur Millet.

SALI : Bien, mon lieutenant.

(Acte I, tabl. 1)

Or pendant cette scène entre dans la case Ti-Saao, un nègre "dont l'aspect éveille irrésistiblement l'idée d'une bête" note Antoine, qui ajoute dans les didascalies : "Son attitude soumise et même rampante contraste étrangement avec l'attitude déférente, mais martiale, des soldats" (I, 1). Et après le départ des deux tirailleurs, Millet qui a assisté à la scène s'exclame : "Quels beaux soldats !"

En fait, dans les années vingt, après les exploits militaires qui ont fait sa gloire durant la drôle de guerre, le tirailleur est devenu le modèle du nègre civilisé, fils adoptif de la nation française. N'avait-t-il pas prouvé héroïquement son attachement à la mère patrie en volant à son secours ?

En 1915, au moment où le conflit franco-allemand s'enlisait et où les doutes commençaient à gagner l'arrière, la propagande avait largement utilisé l'image du tirailleur. Prince, le soldat noir de *Bécassine pendant la guerre*, peut être considéré comme un prototype de ce bon tirailleur. Bécassine qui est la marraine de guerre de Prince, ne voit d'abord en lui qu'un sauvage cannibale, un "tropophage" comme elle dit, mais elle est bientôt séduite par sa gentillesse et sa douceur. Il faut dire qu'il a été élevé par les missionnaires ![1]

Symbole de la force coloniale française, ces soldats noirs offusquaient particulièrement l'Allemagne qui trouvait la France en-dessous de tout : enrôler des sauvages dans son armée, quelle ignominie pour un peuple civilisé ! Puisqu'il faisait enrager l'ennemi, on utilisa son image dans des caricatures qui ridiculisaient "les boches".[2] Ce personnage comique avait quelque chose d'enfantin et de naïf qui ne véhiculait pas de la guerre une image de violence. Soldat solide, bien bâti, toujours souriant et en forme, prêt à séduire ses infirmières le bras en écharpe ou le pied dans le plâtre, il permettait de dédramatiser la guerre. (Edouard Calvo, *Le noir joue et gagne*, 1915. G. Morinet, *Vive les teutons !*, 1914-18.) Avec son "Y a bon !" qu'il mettait à toutes les sauces, il incarnait l'esprit positif et l'espoir auquel devait se raccrocher la nation française. Le tirailleur devint ainsi une mascotte, d'autant plus sympathique que sa présence dans les troupes françaises choquait profondément l'ennemi.

Après l'armistice, on oublia vite le héros de guerre, mais on conserva la mascotte : on sait notamment la fortune que rencontrèrent alors les affiches de Banania qui, dès 1915, récupéra le personnage au profit de son image et contribua à pérenniser sa représentation après 14-18.[3]

On avait même inventé une légende, celle d'un brave tirailleur qui, blessé au front, aurait été rapatrié vers l'arrière et embauché à l'usine Banania de Courbevoie. Et après avoir goûté la fameuse boisson chocolatée, il se serait exclamé, la gamelle et

---

1. Au sujet de l'exploitation de l'image du tirailleur, voir Laure Barbizet-Namer, "Ombre et lumières portées sur les Africains : peintures, gravures, illustrations, cartes postales", *Images et colonies*, *op. cit.*, pp. 91-93.

2. Janos Riesz et Joachim Schultz, *Tirailleurs sénégalais : présentations littéraires et figuratives de soldats africains au service de la France*, Nerlay/Peter Lang, Frankfurt, 1989.

3. Jean Garrigues, *Banania, histoire d'une passion française*, Du May, Paris, 1991.

la cuillère à la main, comme le faisaient, c'est bien connu, tous ses congénères quand ils étaient contents : "Y a bon !"

Le "Y a bon !" du tirailleur au large sourire devint après guerre un cliché indissociable de l'Africain qui avait reçu les lumières de la civilisation, mais gardait sa naïveté puérile. C'est ainsi que pour la reprise d'*A l'ombre du mal* au Studio des Champs-Elysées en 1924, Lenormand ajouta une scène qui n'était pas dans la version de 1913.

Moussa qui obéit au doigt et à l'œil de Rougé, et que celui-ci charge d'arrêter Maélik, n'a apparemment aucun cas de conscience, à la différence de tous les Blancs de la pièce qui cherchent à comprendre le geste absurde de Rougé, lui ne s'interroge guère sur l'équité de la condamnation et s'en remet entièrement à son maître :

ROUGE : Moussa !

LE MILICIEN, *paraissant au fond et saluant* : Commandant ?

ROUGE : Ton prisonnier, ici, tout de suite. Et n'oublie pas ta chicotte.

LE MILICIEN, *s'épanouissant dans un large rire* : Y a bon, commandant. (Acte II, scène 14)

Puis, histoire d'ajouter encore un soupçon de pittoresque qui rehausse le pathétique de la situation, Rougé, exige vingt-cinq coups de fouet que Moussa tente de marchander. Son langage est des plus fleuris : "Dix coups bezeff, mon commandant. A quinze, li plus sentir. Ca y a kif-kif fouetter vieux baobab !" (Acte II, scène 14)

A côté du sauvage, quelle image rassurante que ce nègre rigolard, la mine toujours réjouie, "s'épanouissant dans un large rire", un peu niais certes, mais ô combien amusant. Le sourire du tirailleur est celui du bon nègre tel que le décrivait R. P. Briault à la fin de *Sous le zéro équatorial* : "Amar, lui, était un bon nègre qu'aucun rêve d'émancipation ne tourmentait. A la manière des simples, il partageait tous les éléments de la vie en deux catégories sans nuances intermédiaires : il y avait "les choses qui y en a bon" et auxquelles il riait de toutes ses dents, et, d'autre part, les choses qui "y en a pas bon" pour lesquelles il se contentait de branler négativement la tête coiffée d'une chéchia inamovible."[1]

Le pouvoir balsamique de la civilisation, la cure coloniale, semble avoir purgé le nègre de sa sauvagerie native. Il est devenu un grand enfant complice des plus petits, un bon génie en chocolat placide et sympathique, qui les effraie encore un peu, mais les amuse surtout.

Les derniers avatars de l'ami Y-a-bon

L'ami Y-a-bon berça ainsi de nombreuses générations de petits Français jusqu'à la seconde guerre mondiale. Mais après 1945, l'image du soldat africain n'allait plus pouvoir revêtir les mêmes attributs. La défaite de la France en 1940 et l'occupation allemande avaient non seulement corrodé le prestige de la puissance coloniale, mais aussi démystifié l'amour paternaliste qu'elle vouait à ses grands enfants d'Afrique. Aux yeux des Africains, la France avait perdu cette invulnérabilité qui maintenait en respect le colonisé et inhibait ses velléités d'indépendance. L'autorité du père colonial avait été mise en difficulté, aussi l'émancipation devenait-elle possible. De plus, le général de Gaulle s'était largement appuyé sur l'Afrique pour organiser la résistance. L'Afrique équatoriale s'était ralliée dès 1940 à sa cause, l'Afrique occidentale était restée un peu plus longtemps sous la tutelle du gouvernement de Vichy, mais dès la fin de l'année 1942, elle avait fini par rejoindre le camp gaulliste. Six mois avant le débarquement, la conférence de Brazzaville avait confirmé les bases d'une alliance nouvelle et les promesses d'indépendance pour les peuples des territoires coloniaux.[2]

De plus, les intellectuels d'Afrique qui pensent sérieusement à l'indépendance, notamment Léopold Sédar Senghor et Houphouët Boigny, ne manquent pas de comparer la colonisation à l'occupation qu'a subie la France, et rallient à

1. R.P.Maurice Briault, *Sous le zéro équatorial, études et scènes africaines*, Bloud et Gay, Paris, 1926, p. 200.

2. Denise Bouche, *Histoire de la colonisation française*, tome 2 : *Flux et reflux 1815-1962*, Fayard, Paris, 1991.

leur cause de nombreux intellectuels blancs. La France ne devait-elle pas rendre aux Africains ce que, grâce à eux, elle avait pu recouvrer : la liberté ?

Seulement, au lendemain de la guerre, en échange de l'indépendance promise et exaltée, l'Empire Colonial faisait place à l'Union Française. Les peuples d'Afrique devenaient des alliés et des frères, mais l'indépendance n'était plus à l'ordre du jour. Il était trop tôt, la France n'avait pas encore la force de réaliser ses promesses. Le pays exsangue avait besoin de se redresser, et les colonies qui n'avaient pas été ravagées par les bombardements comme la métropole, pouvaient relancer sans délai les outils de production et reprendre promptement leurs activités commerciales. De plus, la décolonisation devenait un enjeu capital de l'affrontement Est-Ouest. Impossible d'abandonner la place alors qu'un nouvel ordre mondial se dessinait où l'U.R.S.S. et les Etats-Unis se partageaient la planète. La France se montra bien vite oublieuse de ses engagements et dut contenir les poussées indépendantistes qui ne tardèrent pas à se manifester un peu partout dans les territoires coloniaux et, en particulier en Afrique noire : à Madagascar, au Cameroun... Les insurrections furent réprimées dans le sang.[1] L'Afrique devient alors un sujet brûlant auquel ne se frotte guère le théâtre.

En fait, l'Afrique et les Africains pourtant si présents dans l'imagerie d'avant-guerre à travers notamment les arts du spectacle, quittent l'affiche. Alors que le cinéma devait bientôt exalter l'héroïsme militaire des alliés et multiplier les récits d'aventure autour de la dernière guerre, puisant dans les épisodes dramatiques de la Résistance, on oublia la participation de l'Afrique à la victoire et les milliers de soldats noirs morts pour la France.

Pendant leur marche sur Paris en juin 40, les Allemands avaient déjà rageusement rasé le monument édifié en l'honneur de la "force noire" du général Mangin, l'après-guerre ne réveilla pas les vieux spectres, mais enterra au contraire définitivement l'image du tirailleur sénégalais. L'ami Y-a-bon, la mascotte des

1. H. Grimal, *La Décolonisation 1919-1963*, Armand Colin, Paris, 1965.

buveurs de Banania, qu'on voyait sur les affiches et les emballages depuis les premiers dessins de De Andréis en 1915, abandonna son allure de soldat, se réduisit à la tête du personnage et se métamorphosa progressivement, sous le pinceau d'Hervé Morvan, en une silhouette de plus en plus stylisée qui, en 1957, ne laissait plus apparaître que la chéchia rouge au pompon bleu et le grand sourire étincelant,[1] tandis que le corps n'était plus que deux bananes et perdait ainsi peu à peu toute réalité. En 1967, la figure de l'ami Y-a-bon devient même un écusson qui ouvrira l'ère du logo commercial. Le dessin ne renvoie pas à une réalité humaine, il n'est plus que formes géométriques et jeux de couleurs. Le sourire éclatant et un peu niais, résidu de l'imagerie coloniale a même disparu. Tout cliché colonialiste et paternaliste a été évacué du terrain de communication de la marque. Car aucune campagne commerciale ne peut plus alors s'appuyer, comme par le passé, sur la complicité des regards d'une conscience nationale qui partage les mêmes préjugés coloniaux et raciaux.

L'Africain quitte le champ de la représentation et ne se rencontrera plus que très rarement dans la publicité.[2] C'est que les stéréotypes auxquels on avait jusque là réduit l'image du Noir ne permettent plus de communiquer et n'ont plus leur place dans le discours publicitaire devenu international.[3] Mais aussi l'éclatant sourire qui nimbait ces stéréotypes toujours plutôt humoristiques ne correspond plus guère à l'image que les Noirs commencent à imposer d'eux-mêmes. Intellectuels brillants, écrivains, professeurs, ou artistes à succès, ils entrent en politique, publient des livres ou jouent les zazous dans les caves de Saint-Germain-des-Prés ; ici musiciens de jazz, là

---

1. Jean Garrigues, *Banania : Histoire d'une passion française*, Du May, Paris, 1991.

2. *Négripub : l'image du Noir dans la publicité depuis un siècle*, Catalogue d'exposition, Bibliothèque Forney, Paris, 1987.

3. Le Noir apparaît alors surtout dans des publicités de voyages ou des réclames dont les destinataires sont les peuples d'Afrique ou des Antilles. Voir à ce sujet l'article de Jean-Barthélémi Debost, "Publicité", *Images et colonies*, ouvrage collectif, *op. cit.*, pp. 236-245.

députés à l'Assemblée nationale ; leur bonne humeur n'est plus le signe de leur insouciance native, mais le masque dont ils cachent par dignité les souffrances de leur race.

Des clichés qui rendent gorge sur l'autel du théâtre :[1]
Jean Genet/ *Les Nègres* / Alain Ollivier

Que deviendra cette pièce quand auront disparu d'une part le mépris et le dégoût, d'autre part la rage impuissante et la haine qui forment le fond des rapports entre les gens de couleur et les Blancs, bref, quand entre les uns et les autres se tendront des liens d'hommes ? Elle sera oubliée. J'accepte qu'elle n'ait de sens qu'aujourd'hui.
(Jean Genet, préface inédite des *Nègres*, 1963 ; à paraître dans la Bibliothèque de La Pléiade)

Quand en 1959, Roger Blin créa *Les Nègres* de Genet au théâtre de Lutèce, ce fut un événement. Non seulement c'était une des premières fois que le public parisien pouvait voir sur scène treize acteurs noirs, mais surtout une des premières fois qu'il pouvait entendre treize personnages noirs qui s'en prenaient à la colonisation et aux clichés qui collent à la peau du nègre. L'accueil fut brutal de la part de la presse conservatrice qui cria au scandale. *Le Parisien Libéré* n'y voyait qu'un jeu de massacre et l'on pouvait lire dans *Le Rivarol* : *« On ne fait guère qu'y moquer, outrager, couvrir d'opprobre, et livrer au mépris des populations noires les Français blancs qui exercèrent auprès d'elles des tâches qu'on pourrait considérer comme sacrées : juges, médecins (sic) et missionnaires. On conviendra que de telles représentations dans un quartier où pullulent les étudiants noirs amenés et entretenus à nos frais et*

1. Paru dans *Africultures*, n° 37, avril 2001.

à l'heure où la communauté se défait par tous les bouts ne peuvent choquer que des esprits exagérément délicats. »[1]

Le public en revanche accueillit favorablement la pièce, d'autant qu'elle s'inscrivait en 1959 dans le prolongement de ce que Jean Rouch avait entrepris au cinéma avec *Moi, un noir* ou *Les Maîtres fous*. Les représentations des *Nègres* furent un événement historique pour la communauté intellectuelle noire de Paris. La pièce connut même une reprise à New York en 1961. Elle eut moins de succès aux Etats Unis : on reprochait à Genet de réduire le conflit racial aux antagonismes artificiels d'un jeu de société. Mais la dramaturgie iconoclaste de l'auteur des *Bonnes* n'allait pas manquer d'influencer la création théâtrale américaine durablement.

La force de la pièce réside dans le fait que Genet ne se contente pas de dénoncer les stéréotypes qui ont forgé le nègre, il entreprend surtout de désintégrer dans les consciences blanches l'imagerie qui s'y attache. Le rituel que met en scène la pièce est à la fois une mise à mort et une mise en pièces ; la mise à mort du Blanc, et la mise en pièces de cette gangue qu'il a, siècle après siècle, tissé autour du nègre. Une fois le tissu de clichés et de préjugés déchiqueté, le Noir retrouvera sa vraie couleur et l'Afrique enfin prendra son envol. Le numéro qu'annonce Archibald au début du spectacle n'est rien autre que ce geste d'émancipation : *« Si nous tranchons des liens, qu'un continent s'en aille à la dérive et que l'Afrique s'enfonce ou s'envole... »*

Genet confie dans un texte qui aurait dû être publié en préface de la réédition de 1963 à L'Arbalète que c'est une boîte à musique qui lui a donné l'idée de la pièce. : *« Le point de départ, le déclic, me fut donné par une boîte à musique où les automates étaient quatre nègres en livrée s'inclinant devant une petite princesse de porcelaine blanche. Ce charmant bibelot est du XVIIIème siècle. A notre époque, sans ironie, en imaginerait-on une réplique : quatre valets blancs saluant une princesse noire ? Rien n'a changé. Que se passe-t-il donc dans l'âme de ces personnages obscurs que notre civilisation a acceptés dans son imagerie, mais toujours sous l'apparence*

---

1. *Le Rivarol*, 3 décembre 1959.

légèrement bouffonne d'une cariatide de guéridon, de porte-traîne ou de serveur de café costumé ? Ils sont en chiffon, ils n'ont pas d'âme. S'ils en ont une, ils rêvent de manger la princesse. Ils ne sont pas toute l'Afrique, me dira-t-on. Si je les interroge, ils ne sauraient répondre d'elle ? Je crains que si, justement. Pour une conscience blanche, ils sont juste l'Afrique en ceci qu'ils symbolisent l'état dans lequel notre imagination se délecte à les amener, à les fixer. »[1]

Anecdote intéressante, car ces petits objets ne sont pas si anodins, ces bibelots chosifient le nègre et le transforment en mascotte, en poupée... Et il est bien question de toutes ces poupées nègres dans la pièce de Genet, de la négresse lascive au tirailleur banania, en passant par le boy « y-a-bon-bwana » ou l'étalon violeur... Les personnages sont des acteurs qui viennent clandestinement se livrer à un rituel d'exorcisme des vieux démons qui les hantent, ces ombres que le Blanc leur a collées à la peau qui malgré eux continuent de les habiter et de les aliéner. La force de Genet et d'avoir, par le théâtre, dénoncé combien l'aliénation du nègre est une question *dramatique* au sens premier du terme, c'est une mascarade à laquelle le Blanc a contraint le Noir, puisqu'il l'a contraint à porter un masque malgré lui. La pièce de Genet joue un jeu de dénégation très fort comme si seul le théâtre pouvait vaincre le théâtre pour retrouver l'authenticité de l'être.

La pièce de Genet est sans doute aujourd'hui toujours autant d'actualité. Bien sûr, les enjeux de la décolonisation qui étaient brûlants en 1959 ne résonnent plus de la même façon, mais la manipulation de l'Occident à l'égard de l'Afrique est toujours la même. Genet espérait que la pièce soit datée en 2001, pourtant l'hypocrisie qui règne autour de l'image du Noir est toujours aussi virulente. Et le pays des droits de l'homme a toujours autant de mal à envisager l'homme noir comme un concitoyen ordinaire.

---

1. Jean Genet, préface inédite à la réédition des *Nègres*, L'Arbalète, 1963 ; à paraître dans la La Bibliothèqye de La Pléiade, oeuvres complètes, éditions Gallimard, sous la direction de Michel Corvin et Albert Dichy.

Cette pièce conçue par Genet pour treize acteurs noirs et destinée à être jouée pour un public blanc, en dépit de l'actualité de son propos, est très rarement montée en France. Et voilà qu'Alain Ollivier crée encore l'événement en reprenant la pièce à Vitry en 2001, soit 42 ans après Roger Blin avec une distribution noire francophone internationale, qui réunit Camerounais, Ivoirien, Haïtiens, Congolais, Antillais, et même un Brésilien.[1]

Sous la charpente industrielle du Studio-Théâtre de Vitry, se dresse avec planches et rondins de sapin, entre piloris et totem, un dortoir en bois, où s'alignent les couches : cale de navire négrier, espace de sudation d'un sauna imaginaire, espace carcéral d'un goulag désaffecté, espace d'aliénation où l'humain s'est transformé en sardine. Mais cet espace carcéral, conçu par Patrick Bouchain, n'habite le plateau que comme une trace lointaine, le théâtre transcende l'aliénation vers le dépassement. Les boiseries deviennent celles d'un sauna psychiatrique où le théâtre va faire suer le Blanc de tous ces clichés toxiques qui asphyxient ses neurones.

La mise en scène d'Alain Ollivier n'est pas dans une approche abstraite ou esthétisante, il sert le rituel imaginé par Genet en toute simplicité. Toute la force de son parti pris esthétique réside dans le respect des volontés signifiantes de Genet : faire jouer la pièce par des Noirs pour des Blancs sans transiger, sans compromis. Il s'est d'ailleurs d'abord appliqué à une distribution parfaite s'attachant avec précision à la construction

---

1. *Les Nègres* de Jean Genet
Mise en scène : Alain Ollivier
Scénographie : Patrick Bouchain
Masques : Patrick Géminel
Costumes : Claire Risterucci
Lumières : Joël Hourbeigt
Avec Alain Azerot, Nicole Dogué, Paulin Fodouop, Sergio Guedes, Michèle Lemoine, Pier Ndoumbé, Marie-Philomène Nga, N'goran Kwamé, Josselin Siassia, Jean-Baptiste Tiémélé, Nathalie Vairac, Solal Valentin, Marius Yélolo.
Production : Studio-Théâtre de Vitry, Le Volcan / scène nationale du Havre, La Coursive / scène nationale de La Rochelle.

des personnages types. Il a su trouver les acteurs les plus en adéquation avec les marionnettes qu'ils interprètent tant par le physique que par le jeu et a su tirer d'eux la quintessence du rôle. Archibald, le maître de cérémonie que joue N'Goran Kwamé, à la fois Monsieur Loyal du Cirque et chef d'orchestre fabulatoire, est étonnant de conviction et d'entrain ; il prend manifestement un plaisir certain à mener cette vaste mascarade. Vertu, que joue la douce Nathalie Vairac, dégouline de sensualité suave et mystérieuse. Michel Lemoine, ses allures effrontées et son jeu têtu donnent au personnage de Bobo, drapée dans un costume médiéval, les cheveux sculptés, l'assise d'une icône. Neige, sous les traits de Solal Valentin a ce quelque chose de fragile et d'entêté de petite danseuse de boîte à musique avec sa robe en tulle mauve et sa coiffe scintillante. Marie-Philomène Nga, en boubou chocolat, a la présence d'une mama africaine, et toute l'espièglerie et l'humour nécessaires au renversement des valeurs de la saturnale imaginée par Genet. Marius Yelolo, en Diouf qui endosse les attributs de la femme blanche, assume avec sérieux tout le grotesque de la situation. Paulin Fodouop incarne un sacrificateur jeune et fougueux, les tresses rasta au vent. Josselin Siassia dans le rôle de Ville de Saint-Nazaire joue les nègres dégingandés, « docker-armoire-à-glace » à l'étroit dans sa combinaison de travail trop petite. Quant aux personnages masqués et statiques de la Cour, spectateurs de la mascarade, ils ne sont pas en reste. Ils imposent une présence vocale qui ne manque pas de mystère et de questionnement. La voix extraordinaire de Nicole Dogué sous son masque de reine cousine germaine de Marie-Antoinette, occupe l'espace avec force ; on reconnaît sous le masque du Gouverneur la voix de Jean-Baptiste Tiémélé, l'Ancien, véritable mémoire vivante des comédiens noirs de Paris depuis la grande époque de Roger Blin et Jean-Marie Serreau dans les années soixante. C'est Alain Azerot que l'on entend sous le masque du Juge et le Brésilien Sergio Guedes sous celui du Missionnaire, tandis que le danseur Pier Ndoumbé impose un port et une gestuelle chorégraphiée étonnante au personnage masqué du Valet et qui n'est pas sans faire penser aux automates du bibelot qu'évoque Jean Genet.

D'ailleurs, tous ces personnages qui s'animent sous nos yeux suivant des trajectoires qui semblent calculées et des parcours précis et ritualisés font penser à des mécanismes d'horlogerie suisse qui mettent en scène le village, le marché ou la crèche et ses petits santons animés. Et ce sont bel et bien ces poupées de chiffons sans âme dont parle Genet que le théâtre sacrifie sous le regard des spectateurs blancs que nous sommes. Nous assistons au démantèlement de ces marionnettes que l'imaginaire occidental a fabriquées et continue encore de brandir au détour d'un film ou d'une publicité. Sur l'autel du théâtre, les clichés rendent gorge et vomissent leur vacuité même.

Entretien avec Alain Ollivier

Comment est né le désir de monter* Les Nègres *de Genet ?

J'ai eu envie de monter *Les Nègres* il y a déjà longtemps, mais je n'ai eu la possibilité de le faire qu'en 2001. Cette décision est à relier avec les représentations d'*Ange noir* de Nelson Rodrigues que j'ai créée en 1995 à la Maison de la Culture de Bobigny. C'est une pièce brésilienne, une tragédie. Elle met en scène, non pas ce qu'il est convenu d'appeler "la question noire" (ce qui est un terme aberrant, car s'il y a une question, ce n'est pas celle du Noir, c'est celle posée au Blanc), elle est en fait une pièce emblématique de l'histoire du Brésil. Sans l'esclavage des Africains, on ne sait pas trop comment le Brésil se serait édifié, constitué, réalisé... Le péché originel du Brésil, c'est l'esclavage. Mais jusqu'à présent personne n'a su dire comment le Brésil aurait pu, se faire sans ce crime. C'est dire la dimension tragique qui colle à la constitution même de la société brésilienne. La pièce met en scène les relations entre une Blanche et son époux, un médecin noir, lequel a renié sa mère pour l'avoir fait noir. Il se déteste, en tant que nègre. Son épouse, Virginia, lui a été donnée en mariage en châtiment d'une faute qu'elle a commise : séduire à son insu le fiancé d'une de ses cousines. Elle est donc l'épouse d'Ismael qui, dès qu'il a été marié avec elle, a fait édifier de hauts murs autour de la maison de façon à ce qu'elle ne sorte pas, qu'elle ne voit plus jamais ce que c'est qu'un Blanc ; et qu'elle en oublie qu'Ismael a la peau noire. C'est une fable très cruelle. Elle a des enfants mulâtres d'Ismaël, mais aux environs de quatre ou cinq ans, elle les tue car elle ne supporte pas d'avoir des enfants mulâtres. Lui sait que c'est elle qui tue ses enfants, à l'acte II, on apprend qu'il le sait. Mais on apprend aussi qu'il ne dit rien parce que cela resserre les liens entre elle et lui. Dans le même acte, elle dit qu'à chaque fois qu'il la prend dans ses bras, elle a le sentiment d'être violée par lui. A la fin de la pièce, elle réalise que dans son enfance, elle a vu quatre déménageurs noirs, torse nu, porter un piano et que depuis ce jour elle est fascinée par la beauté noire. Dans cette tragédie, passionnante parce qu'elle met en scène des figures inhabituelles qui sont faites par une histoire relativement moderne, ce qui est mis en question ce sont les relations entre le Blanc et le nègre, mais sous l'angle, dont on ne parle jamais, qui est celui de la sexualité. C'est ce que quelqu'un comme Fernand Bastide a travaillé, a conceptualisé en parlant de l'Apollon noir et de la Venus blanche : attraction et méfiance réciproque. Cette pièce a été considérée, quand je l'ai montée, comme inacceptable, comme raciste. Et j'ai découvert à ce moment-là la dimension du refoulé de l'Occidental sur ces questions. L'ignorance aussi : la plupart ignore que la France de Louis XIV a accouché du *Code noir*, une des choses les plus criminelles qui aient été élaborées. Devant ces réactions, j'ai pensé que je devais revenir sur cette question. Et avec une pièce qu'on ne pourrait pas renvoyer dans les cordes du baroquisme tropical. Or la seule pièce qui existe, c'est *Les Nègres* de Genet. Par ailleurs, c'est une pièce que j'ai vue à sa création en 1959. J'étais très jeune et je n'ai pas bien compris ce qui s'y passait. Mais je suis sorti sous l'emprise d'une fascination très grande, j'avais réalisé qu'il existait un autre théâtre que celui qui était alors le modèle pour moi, c'est-à-dire le théâtre de Vilar. Je me suis dis : "Il se passe autre chose que ce théâtre-là". Cette représentation des *Nègres* a été le début d'une curiosité très grande, d'une ouverture différente sur le théâtre... D'une certaine manière, j'ai une dette de reconnaissance à l'endroit de cette pièce.... Voilà pourquoi je me suis obstiné à vouloir la monter.

Vous pensez que cette pièce est toujours d'actualité ?
Le mouvement de la décolonisation est suffisamment important pour qu'on y revienne. Mais, l'histoire ce n'est pas seulement l'actualité de l'histoire. Bien sûr les relations entre la France et l'Afrique ont bougé. Lorsqu'on lit des extraits de cette brochure qui a été publiée en 1940, à l'initiative du ministère des colonies sur l'Empire colonial français, on est horrifié de voir le sentiment de tout un pays vis à vis de ceux qui peuplent les terres colonisées. Aujourd'hui les choses ont évolué et personne ne saurait s'en plaindre, mais on voit bien quand on discute avec des Antillais qui sont pourtant des citoyens français, qu'ils sont, dans leur vie quotidienne en butte avec un ostracisme, voire un racisme, certes un peu "soft", mais néanmoins efficace, dans la recherche de travail, dans la recherche d'un appartement...

Treize acteurs noirs sur une scène de la région parisienne, voilà qui reste encore un événement en 2001.
Le théâtre français, fait en effet une place très étroite aux acteurs noirs en France. Il n'y a pas si longtemps, les jeunes élèves du conservatoire avaient d'ailleurs signé une pétition à ce sujet. Mais les théâtres nationaux continuent de prétendre qu'il n'y a pas assez de personnages noirs au répertoire pour recruter des acteurs noirs dans les troupes.
Néanmoins, il ne faut pas exercer une démagogie à l'envers, difficile de faire débarquer un Africain dans Marivaux par exemple. Les acteurs antillais devraient prendre leur destin en main de façon plus conséquente et ne pas tout attendre des metteurs en scène français.

On continue de voir des metteurs en scène qui pour des « rôles noirs » ont recours au maquillage. Qu'en pensez-vous ?
La figuration dévie le sens. Faire jouer *Les Nègres* par des Africain, Antillais et métis est indispensable. La pièce a pour but de mettre à mal la bonne conscience blanche. Elle n'a plus de sens autrement. Aujourd'hui, vous ouvrez votre télévision, vous voyez des Africains de toutes origines.
Lorsque Nelson Rodrigues a créé *Ange noir* à la fin des année quarante à Rio, il voulait qu'Ismaël soit joué par un acteur noir.

La direction du théâtre municipal de Rio s'y est opposée. C'est un acteur blanc maquillé qui a créé la pièce. Nelson ne voulait pas de ça. Il en a été blessé. Et c'est un de ses amis noirs, qui a apaisé sa colère, qui lui a dit non, fait le tout de même, le principal c'est d'abord que la pièce soit jouée.

Mais vous, vous avez réussi à réunir une distribution noire sans faire aucune concession.
Les gens me disent : "Mais tu as fait comment ? Comment tu les a rencontrés ?" D'autres me disent : "Ils sont bien, hein ?!", et ils sont étonnés. C'est comme ça dans le hall, vite fait. Alors je ne dis rien. Ces acteurs travaillent souvent dans des productions un peu pauvres. Il faut manifester de la curiosité, de l'intérêt pour leur travail, aller à leur rencontre.

Pour des acteurs noirs, cette pièce a un vrai enjeu quasi existentiel...
Je n'ai jamais parlé de cela avec eux, peut-être parce que c'est trop intime, et il n'est peut-être pas nécessaire qu'ils s'en ouvrent à moi. J'ai beaucoup de satisfaction à travailler avec des acteurs antillais et africains, ils manifestent le plaisir qu'ils ont à travailler de façon tout à fait différente que les acteurs occidentaux. Ce sont des personnes qui vivent leur affect et le transmettent de manière plus chaleureuse, plus visible, sans pour autant être envahissants ou sentimentaux. J'avais déjà ressenti cela au Brésil où j'ai fait un atelier et où j'avais eu énormément de plaisir avec les acteurs que je ne connaissais pas pour cette raison là. Quand je travaille avec des distributions occidentales, j'ai toujours l'impression de me battre avec de la névrose qui circule de droite à gauche et qui fait obstacle. Et je n'ai pas du tout ce sentiment là avec des équipes noires, c'est très dynamique, c'est très réconfortant.

Chaque personnage est un peu une marionnette, une figurine aux traits exacerbées. Comment avez-vous dirigé les acteurs ?
Je ne grimpe pas sur le dos des acteurs. J'essaye d'abord de faire un théâtre sensible. Pour qu'une pièce atteigne le public, il faut qu'elle le touche il faut qu'elle l'émeuve. Pour atteindre cette possibilité d'émotion, il faut que les acteurs soient libres

d'expression. C'est un travail d'ajustement, d'accord. Un acteur fait des propositions, je regarde ce que donne cette proposition et je lui dis ce que j'en pense. On peut parfois avoir un léger désaccord. On peut mettre trois, quatre jours, une semaine à s'accorder. Je suis toujours attentif aux raisons qu'a un interprète de ne pas me suivre immédiatement ; il n'est pas question d'agir d'autorité. Il faut agir par persuasion.

Avez-vous avant de commencer le travail avec les acteurs une lecture de la pièce à partager, des parti pris esthétiques précis ?
Quand j'entre en répétition, je ne connais pas toute la pièce, j'ai une vue globale, avec des endroits un peu plus précis, mais c'est à peu près tout. C'est la même chose en ce qui concerne les acteurs : entre dans le travail une part d'intuition considérable. Il y a des acteurs qui m'apportent des choses, les acteurs ne sont pas des êtres passifs. J'ai découvert qu'il y a beaucoup de gens qui s'imaginent que l'acteur exécute jusqu'au moindre petit mouvement de doigt que lui a indiqué le metteur en scène. Les choses ne se passent pas du tout comme ça. J'ai dernièrement été très surpris quand quelqu'un m'a dit « Archibald t'a emprunté des gestes », parce qu'Archibald est le metteur en scène de l'affaire. C'est pourtant entièrement faux. J'étais sidéré.

Comment avez-vous abordé le texte avec les acteurs ?
On a fait presque une semaine de lecture. Le montage de la pièce est assez difficile à repérer et il me fallait donner un découpage. J'ai dégagé huit grands mouvements, ce qui a clarifié sa composition et sa progression. Ce découpage correspond aussi à des étapes de travail, une progression dans la fiction de la pièce, et puis ensuite on s'est risqué sur le plateau. Nous avons travaillé directement dans le décor qui était déjà installé. La scénographie était en place et il y a très peu de choses que nous avons décidé en cours de répétition.

Quelle est l'idée qui a orienté la scénographie ?
Un jour dans un quotidien, j'ai vu une photo : l'allée gauche du baraquement d'un goulag, je me suis dit qu'on tenait la

scénographie. Comme il est dit dans la pièce, les nègres sont un groupe d'acteurs qui se retrouvent dans un endroit un peu secret, un endroit qui n'est pas fait pour le théâtre, donc dans un environnement naturel. Compte tenu de ce qu'est le Studio de Vitry, j'avais envie de donner cette impression-là, que Archibald et ses camarades avaient trouvé un endroit dans lequel ils pouvaient tenir des réunions, mettre au point leur cérémonial, et que cet endroit, ils l'avaient peut être un peu nettoyé, que c'était un baraquement qui avait servi de dortoir pour des prisonniers, quelques chose qui avait pu jadis être un lieu carcéral. Mais cette chose que l'on voit évoque aussi la cale d'un bateau, car le fond de l'histoire c'est aussi l'esclavage. Et il y a deux niveaux, ce qui permet avec une simple planche d'installer la cour en hauteur.

Quel sens avez-vous donné au rituel qui structure l'action scénique ?
Dans ce rituel c'est la Blanche qui est parodiée, c'est un carnaval, l'idéal de la femme blanche est complètement chahuté, de manière très grotesque et en même temps, le désir que le nègre peu avoir pour elle, c'est aussi ce qui relie cette pièce à celle de Nelson Rodrigues.

Il y a aussi toute une part de l'action qui reste dans les coulisses...
La condamnation d'un leader politique dont le congrès considère qu'il a trahi la cause, puis l'élection d'un autre leader en remplacement de celui qui va être exécuté, c'est l'Histoire avec un grand H qui se joue en dehors du théâtre. Les acteurs sont reliés à cette affaire un peu clandestine par intérêt personnel et collectif et en même temps, les acteurs d'Archibald ne sont là que pour la parade. Une parade qui est aussi un leurre pour les Blancs qui y assistent, car pendant ce temps les nègres ont les mains libres pour tenir leur congrès. La pièce dit aussi que ce qui se passe avec Archibald est une action d'ordre artistique, poétique et qu'elle n'a d'effet salutaire et apaisant qu'individuellement. En revanche le destin des affaires plus collectives est du ressort de la politique et il ne faut pas confondre les deux.

Quelle influence le souvenir de la mise en scène de Blin a-t-il eu sur vous ?

Mon souvenir reste très fragmentaire. Je me rappelle surtout l'interprétation de Bachir Touré et de Toto Bissainthe. J'ai le souvenir aussi que la mise en scène de Blin était plus offensive, plus agressive. Mais je ne me suis pas situé par rapport à un souvenir, beaucoup trop mince pour qu'il soit une référence pour moi. A la création des *Bonnes*, les représentations étaient aussi plus agressives. Mais moi j'ai une autre oreille : pour moi Genet est un artiste très délicat. La qualité orale de son théâtre est une vraie difficulté. L'oralité de ce théâtre pose question. Je pense, comme il le dit dans *Les Bonnes* que ce théâtre doit être joué "furtif". C'est l'oreille que j'en ai.

propos recueillis par Sylvie Chalaye
Paris, février 2001

III

Le nègre moderne

Bien sûr, on pourrait croire que l'homme noir aujourd'hui ne pose plus les mêmes questions de représentation qu'au XVIIIe siècle ou à l'époque de la conquête coloniale. Le statut des images est sans aucun doute plus complexe à l'heure de la mondialisation et d'un internationalisme des images qui offre finalement à la jeunesse française la société noire américaine comme modèle d'identification. Néanmoins, les clichés coloniaux n'ont pas disparu. On les voit lever la tête au détour d'une affiche ou d'une publicité, tandis que d'autres se fabriquent dans le domaine du show business : du nègre rasta au basketteur immense, en passant par le chanteur de rap ou le mannequin à la Naomi Campbell. A côté de ces idoles inaccessibles et auréolées de paillettes qui continuent d'alimenter une galerie de clichés d'un nouveau genre, mais sans permettre une rencontre authentique avec l'altérité de l'homme noir, l'époque contemporaine n'a pas évacué les stéréotypes du nègre ; elle les a juste accomodés aux peurs d'aujourd'hui, inventant « le nègre moderne ». Elle lui donne d'autres attributs : immigré, dealer, marabout véreux, arnaqueur à la petite semaine ou fonctionnaire obtu, mama insouciante et rigolarde ou perle noire aguicheuse... Aussi les acteurs noirs de la scène française continuent-ils d'être hantés par les avatars du nègre, et rares pour ces acteurs sont encore les vrais rôles qui sortent des idées reçues.

Les premiers acteurs noirs de la scène française[1]

En dehors des petits négrillons figurants auxquels la Comédie Italienne avait habitué les spectateurs parisiens, on ne compte quasiment pas d'acteur noir dans le théâtre français avant le début du XXe siècle. La tradition voulait que des Blancs prennent en charge les personnages noirs en portant perruque et maquillage - ce qui représentait du reste pour les comédiens une épreuve : le maquillage prêtait facilement à ridicule et les acteurs ne s'y soumettaient pas de bonne grâce. En 1792, la *Chronique de Paris* doit enjoindre par exemple le grand Talma de mieux se grimer pour jouer Othello, et *"de mettre autant de sévérité dans son costume que de vérité dans son jeu."*.[2] C'est une préoccupation importante d'Olympe de Gouges au moment où elle fait jouer *L'Esclavage des Noirs* : *"Je n'ai qu'un conseil à donner aux Comédiens Français, et c'est la seule grâce que je leur demanderais de ma vie ; c'est d'adopter la couleur et le costume nègres."* Conseil qu'ils ne suivront pas, au grand dam de l'auteur. Quand les théâtres de Paris s'empressèrent d'adapter à la scène la malheureuse aventure d'*Ourika*, d'après le roman de Madame de Duras, en 1824, ils trouvèrent de nombreux adaptateurs, mais les jeunes premières à la mode rechignaient à prendre le rôle. Mlle mars, comme Mlle Bourgoin le refusèrent et Mlle Brocard qui avait finalement accepté de jouer une Ourika dû essuyer les pires moqueries. La presse multipliait les calembours et les bons mots au sujet du jus de réglisse qui couvrait le visage des Ourika du boulevard.

---

1. Une version courte de ce texte est parue dans *Africultures*, dossier "Acteurs noirs", n°27, avril 2000.
2. *Chronique de Paris*, 26 novembre 1792.

Et c'est d'ailleurs la raison pour laquelle à l'époque romantique, au moment où les victimes de l'esclavage apparaissent comme les personnages récurrents de certains mélodrames des boulevards, le mulâtre voire le nègre blanc deviennent des personnages fort pratiques à la scène, rendant enfin le maquillage inutile.

Ce fut peu avant la révolution de 1848 et l'abolition de l'esclavage que l'on vit à Paris les premiers acteurs noirs monter sur scène. Mais cette présence jugé "exhibitionniste" fut diversement appréciée par la presse.

De vrais nègres aux Variétés en 1847

Le 1er juillet 1847, Clairville et Siraudin firent jouer sur le Théâtre des Variétés un vaudeville qui traitait le thème de l'esclavage par l'ironie et surtout mettait en scène pour la première fois des acteurs de race noire : *Malheureux comme un nègre*. La pièce résolument comique s'amusait à ridiculiser les Blancs des colonies du négrier Rifolard qui, en brave commerçant qui se respecte, se plaint de faire de mauvaises affaires au nigaud de Giboulot, le métropolitain qui débarque pour faire fortune et s'empresse d'acheter des esclaves alors qu'il prétend appartenir au mouvement abolitionniste, en passant par Turlurette, son épouse, qui se donne de grands airs et méprise les nègres alors qu'en métropole elle exerçait la profession de femme de chambre... ! Les esclaves noirs en revanche gardent toute leur dignité ; ce sont eux qui contribuent à tourner en ridicule les Blancs et à en faire des dupes.

Profitant de la naïveté de Giboulot, Rifolard lui refile Atar-Gull, un nègre dont le nom est bien sûr révélateur et qu'il ne parvenait pas à vendre, ainsi que sa femme Cora et son enfant Coco. Giboulot est persuadé d'avoir fait une bonne affaire, d'autant qu'il n'est pas insensible aux charmes de la belle Cora. Or, le grand nègre n'a rien de l'animal soumis et ignorant qu'il imaginait. Giboulot veut jouer les maîtres et s'adresse en petit-nègre à Atar-Gull, mais c'est lui qui passe finalement pour un benêt :

GIBOULOT : Petit noir à moi, moi voulir acheter toi pour nièce à moi, femme à moi, domestique à moi, tout ce qui est à moi, y compris moi, toi le vouloir t'y ?

ATAR-GULL : Pourquoi me parlez-vous comme ça ?

GIBOULOT : Il ne m'a pas compris. (*à Atar-Gull*) Toi ne comprenir pas langage à moi, moi parlir langue à toi pour que toi comprenir moi.

TURLURETTE : Ce langage est échafaudé sur les toi.

ATAR-GULL : Ne vous fatiguez pas ainsi ; dites-moi tout simplement : Atar-Gull, je te prends à mon service !

TURLURETTE : Comment ! un nègre qui parle blanc.

GIBOULOT : A-t-on vu un imbécile comme ça, qui me laisse m'éreinter à lui parler son idiome. (*à Rifolard*) Il sait donc le français ?

RIFOLARD : Et l'italien, et l'arabe.

(Acte I, sc. 8)

Une fois au service de Giboulot, tel un Scapin ou un Figaro, Atar-Gull s'empresse de monter tout un stratagème pour recouvrer sa liberté et mystifie un à un tous les membres de la famille.

Cependant, l'innovation de Clairville et Siraudin ne fut pas accueillie avec succès. Le public siffla la pièce à plusieurs reprises, on l'accusa de mauvais goût et d'exhibitionnisme. T. Sauvage se montra particulièrement virulent dans le *Moniteur universel.* Non seulement il n'appréciait pas l'humour sarcastique de la pièce, mais il condamnait vertement la présence d'acteurs noirs sur scène : *"Dans une parade dont le but est de prouver, au moyen d'ignobles lazzis, que le nègre esclave est plus heureux que le blanc son maître ; faire figurer un NOIR, c'est pour moi une cruelle et sanglante ironie, que tout l'esprit de Piron, Lesage, Favart et Desaugiers réunis ne pourrait rendre tolérable."*[1]

La réaction de la critique n'était pas dénuée de contradiction. Le *Corsaire* qui ne voyait dans ces "trois vrais nègres" qu'une exhibition de foire ne s'attachait précisément qu'à leur physique : *"Saït-Abdalla (Atar-Gull), est le plus beau type que*

1. *Ibid.*

nous ayons jamais vu de la race éthiopique. Cette face noire comme l'ébène, percée de deux yeux brillants, ces grosses lèvres qui s'entr'ouvrent pour laisser voir des dents étincelantes de blancheur, sont d'un grand caractère. Elysée, la négresse et Aamath, le petit négrillon, ont aussi un galbe remarquable."[1]

Quant au *Moniteur universel*, il se refuse même à envisager ces nègres comme des acteurs et ne cite même pas leurs noms : *"Le monsieur noir que l'on a montré dans cet ouvrage n'a d'autre mérite que celui de sa couleur ; comme artiste dramatique, il est fort peu intéressant : sa prononciation gutturale et serrée est fatigante, et son chant - car on lui fait chanter du Robert-le-Diable et de la Norma - son chant, dans lequel la mesure et la prosodie sont méconnues au point de ne pouvoir marcher avec l'orchestre, se réduit à une succession de notes plus ou moins justes. La femme mulâtre et le négrillon qui l'accompagnent sont insignifiants. Tout cela est fort peu curieux."*[2]

A l'époque où l'Angleterre commence à porter au nues Ira Aldrige, un comédien mulâtre qui deviendra une vedette internationale, jouant Othello ou Oroonoko dans les plus grands théâtres d'Europe, le public français ne voit encore dans un nègre sur scène qu'une attraction digne des montreurs d'animaux. L'homme noir est tout entier réduit à son apparence, son aspect physique. Sa présence sur scène est déjà en soi si spectaculaire qu'on ne saurait imaginer qu'il incarne un rôle, il ne peut qu'être lui-même, autrement dit le nègre victime de l'esclavage, image de soumission et de dévouement. Or la pièce de Clairville et Siraudin ne proposait pas cette image cliché de l'esclave, mais donnait à jouer aux acteurs noirs de vrais personnages de théâtre, peut-être sans rapport avec la réalité, mais bien sous l'égide de la comédie. Un nègre jouant les Figaro, quelle incongruité ! L'audace de la mise en scène fut plutôt mal reçue.

L'expérience ne fut donc pas renouvelée. Si des Noirs, tels Saït-Abdalla, Elysée ou Aamath, eurent alors une quelconque

---

1. *Le Corsaire*, 3 juillet 1847.
2. *Moniteur universel*, 5 juillet 1847.

place sur scène, ce ne devait être que cantonnés dans des rôles de figuration, contribuant par leur présence éminemment spectaculaire à quelque effet d'exotisme, comme de vulgaires décors...

Chocolat au théâtre ? Quel cirque !

Dans les années 1900, le monde du spectacle s'ouvre aux artistes noirs, musiciens, chanteurs, danseurs, boxeurs, trapézistes.... Le théâtre à son tour, tente d'intégrer des Noirs. Mais si au music-hall, au cirque, au cabaret, le spectacle du vrai nègre fait courir les spectateurs de la Belle Epoque, les mentalités ne semblent pas encore prêtes à l'admettre sur la scène du théâtre. En 1911, Gémier recrute le célèbre clown Chocolat[1] pour jouer au Théâtre Antoine dans *Moïse* d'Edmond Guiraud. La presse suit l'expérience de près, mais ce sera un échec, la pièce est rapidement retirée de l'affiche. La critique en fait des gorges chaudes : ce four n'est-il pas la preuve qu'un nègre peut faire le pitre sur la scène des Folies-Bergère, mais jouer la comédie.... voilà un art autrement plus difficile ! Et l'on put même lire dans *La Presse*, sous la plume de Max Heller, un curieux entretien destiné à enfoncer davantage les velléités d'acteur du clown :

- Répondez-moi franchement, M. Chocolat. Moïse, la pièce de M. Edmond Guiraud, a-t-elle disparu de l'affiche parce qu'elle

---

1. Il s'appelait de son vrai nom Raphaël de Leios et était d'origine sud-américaine. Il connut ses premiers succès comiques à Madrid où on le surnommait "el rubio". Il a 25 ans quand il est engagé avec Tony Greace au Nouvau-Cirque. Ils formeront un tandem comique particulièrement célèbre à la Belle Epoque : Foottit et Chocolat. Il joua aussi dans des revues et des spectacles du music-hall comme *Pierrot Soldat*, *La Grenouillère*, *Paris au galop*, *Papa Chrysanthème* et *Les Noces de Chocolat*. En 1912, il formait un couple avec Tablette, un clown blanc qu'interprétait son fils, et était alors devenu une image incontournable du music-hall parisien qui inspira même les publicitaires. Après la mort du clown en 1917, son fils perpétua le personnage qu'il avait créé en formant de nouveaux duos, notamment "Chocolat et Porto" à Médrano, puis "Chocolat et Sérato".

n'était pas bonne ou... parce que c'était vous qui... vous qui ne saviez pas votre rôle ?

- La pièce était bonne, moucié ; moi aussi j'étais bon... Oui, je sais, je sais. On a dit Chocolat pas capable lancer répliques à lui, répliques trop longues pour lui ; qu'il s'ember..., s'emberli..., s'emberlificotait dans ses phrases. Ça a raconté moucié Gémier. Pas été gentil, moucié Gémier. Voyons, moucié, n'est-ce pas que Chocolat pas parler français comme bon nègre ?[1]

Noir comme un loup

Une autre tentative a lieu en 1913. Il s'agit d'Habib Benglia dont la longue carrière illustre bien la place toute nouvelle que l'on donnera bientôt au nègre, notamment dans un certain théâtre d'avant-garde.

Il fait avant guerre quelques figurations au Théâtre de la Renaissance. On le remarque bientôt dans le rôle du "funèbre étalon" qui, à demi-nu, hurle le nom des mets raffinés dans l'*Aphrodite* de Pierre Frondaie. Au sortir de la guerre, Gémier l'engage alors pour jouer les athlètes en costume d'officier thébain dans l'*Oedipe Roi de Thèbes* de Saint-Georges de Bouhélier. Aux côtés des vrais sportifs qui participaient à la figuration de ce grand spectacle olympique, Benglia introduisait un peu d'exotisme. Puis, sollicité par plusieurs compagnies d'avant-garde, la Grimace de Fernand Bastide notamment, il ne tarde pas à entrer dans la troupe de Gémier pour créer le negro chanteur ambulant du *Simoun* de Lenormand, à l'Odéon, et participe à de nombreuses créations des Compagnons de la Chimère avec Gaston Baty.

En prenant la direction de l'Odéon en 1922, Gémier avait d'ailleurs affirmé ce qu'il appelait son *"haut souci de réalisme intégral"*. Dans un entretien qu'il avait alors accordé à Maurice Duplay et Gaston Moussé, il avait annoncé son intention de monter une pièce de François de Curel qui mettait en scène les tribulations d'un missionnaire en Papouasie. *"Mes Papous ne viendront pas de Ménilmontant, avait-il déclaré, ils seront*

1. *La Presse*, 5 janvier 1911.

authentiques et s'exprimeront dans leur idiome".[1] Cette orientation esthétique nouvelle trouva tout à fait son mode d'expression avec Benglia dont la culture soudanaise et la langue bambara furent largement mises à contribution dans les spectacles de Baty.

Faire jouer un authentique nègre apparaît comme une véritable audace que la critique salue, tant du point de vue du réalisme que du point de vue de l'esthétique. Un critique ironique retient dans *Le Cyclone* de Gantillon que Baty avait monté à la Baraque de la Chimère la présence de *"Habib Benglia qui joue le nègre avec une parfaite vraisemblance, étant nègre lui-même"*. Et il ajoute : *"Il n'a qu'à continuer."*[2]

Seulement, Gémier, Bastide ou Baty ne recherchaient pas seulement le réalisme en intégrant Benglia dans leurs spectacles. Il ne s'agissait pas de le cantonner à une présence figurative et exotique qui s'ajouterait au décor. Benglia jouait de vrais rôles, il incarnait de vrais personnages. Ses apparitions étaient le plus souvent nues : Gémier et Baty utilisaient la beauté plastique de son corps et ses talents de danseur. Aussi sa présence sur scène avait-elle une valeur symbolique attachée à la primitivité que pouvait suggérer ce corps de bronze curieusement animé et les sons étranges qu'il émettait.

Il s'agissait surtout de mettre en scène le corps noir de Benglia comme une incarnation de l'âme primitive, âme toute sensitive et charnelle qui avait besoin d'un corps pour s'exprimer. On voit alors dans le nègre une incarnation des instincts refoulés de l'Europe. *"Il y a certainement quelque chose de nègre en nous : crier, danser, se réjouir, s'exprimer, c'est être nègre",*[3] écrit

---

1. Maurice Duplay et Gaston Moussé, Entretien avec Gémier, *Comoedia* (?), 7 juin 1922.

2. Paul Souday, *Comoedia*, le 30 mai 1923. Boutade attribuée au président Mac-Mahon qui aurait déclaré au major de Saint-Cyr qu'on appelait "le nègre" dans le jargon estudiantin et qui ce trouvait cette année-là être un Noir : "C'est vous le nègre ? Eh bien continuez !"

3. Paul Morand, *Paris-Tombouctou*, documentaire, Flammmarion, Paris, 1928, p. 100

Paul Morand dans *Paris-Tombouctou*. Et il ajoute dans *Magie noire* : *"le nègre, c'est notre ombre"*.[1]

Après guerre, alors qu'on appréhende à travers la psychanalyse les profondeurs insondables de la psychologie humaine, le nègre cesse d'être seulement l'autre, il devient l'ombre trouble du Blanc, l'incarnation de ses pulsions ataviques, de ses fantasmes enfouis, en somme une image tangible des profondeurs de l'inconscient, une figure allégorique du ça.

Le Noir comme figuration sur scène des pulsions instinctives de l'homme, voilà l'invention d'un nouveau stéréotype, celui du "nègre moderne" que l'on retrouve dans plusieurs créations d'avant-garde, tant chez Bastide que chez Baty. Ils font de lui l'émanation concrète de la forêt pulsionnelle qui envahit les profondeurs de l'âme humaine.

Cette exploitation du nègre comme imago du ça explique les débuts au théâtre de Benglia, et son triomphe, en 1921, dans le rôle d'un loup ! En effet en montant *Le Loup de Gubbio*, la pièce de Boussac de Saint-Marc, Fernand Bastide avait eu l'idée de confier le rôle de Ciacco, cet être bestial, cet homme des bois qui terrorise tout le canton, à Habib Benglia.[2]

La troupe de la Grimace remporta un succès important, et on apprécia particulièrement le jeu de Habib Benglia qui apparaissait à demi-nu, couvert d'une peau de bête. "*H. Benglia donne à l'homme sauvage un extraordinaire relief*",[3] lisait-on sous la plume de Jane Catulle-Mendès.

L'expression de l'âme primitive devint un motif esthétique qui passionnait de plus en plus Gémier et Baty. Mais le théâtre français n'avait pas produit de répertoire exotique qui mette en scène d'autres figures du nègre que celles des images d'Epinal. Le théâtre français n'avait pas de héros nègre. Aussi fallut-il se tourner vers le théâtre américain pour trouver un personnage qui réponde la modernité de cette nouvelle figure du nègre.

---

1. Paul Morand, *Magie noire*, Grasset, Paris, 1928, pp. 206-207.
2. A. Boussac de Saint-Marc, *Le Loup de Gubbio*, pièce en trois actes, représentée pour la première fois par la Grimace, le 26 Avril 1921. Reprise en mai 1923 au Théâtre Michel.
3. Jane Catulle-Mendès, 17 mai 1922.

Un Empereur noir à l'Odéon

En novembre 1923, Gémier tente une expérience artistique quasi révolutionnaire : il monte à l'Odéon *L'Empereur Jones*[1] de l'Américain Eugène O'Neill avec Habib Benglia en vedette. *"Par les soins de M. Gémier,* annonçait *La Presse, sera donnée la première représentation d'une pièce nègre, ou plutôt qui se passe chez les nègres et dont le premier rôle sera tenu par un nègre."*[2] La critique ne manqua pas en effet de souligner l'originalité de l'entreprise. *"Pour la première fois sur une de nos plus grandes scènes, un authentique homme de couleur tiendra le rôle le plus important",*[3] pouvait-on lire dans *Comoedia*, tandis que le *Gaulois* faisait remarquer : *"Ce qu'il y a d'intéressant dans cet Empereur Jones, c'est qu'il est joué par un vrai nègre, Benglia, un de nos coloniaux."*[4]

On prédisait un succès de curiosité qui mettrait Benglia à la mode ; les journaux ne voyaient là qu'un signe supplémentaire de la folie nègre qui s'emparait de la capitale : *"Paris, en ce moment, ne peut se passer d'un homme couleur de nuit pour en faire l'homme du jour".*[5] Le compte rendu que proposa Armory, au lendemain de la première, répondait bien au climat sensationnel qui auréolait le spectacle : *"Les assistants sont intéressés par la tentative et les dames ont pour l'académie colorée de M. Benglia des petits cris d'admiration..."*[6]

Comme prévu, le public ne resta pas insensible à "la grâce d'animal"[7] du bel athlète, mais c'est ce que retint

---

1. Drame en huit tableaux, adaptation française de Maurice Bourgeois.
2. Georges Martin, *La Presse*, 10 novembre 1922.
3. Max Frantel, *Comoedia*, 31 octobre 1923.
4. Louis Schneider, *Le Gaulois*, 2 novembre 1923.
5. Georges Martin, *La Presse*, 10 novembre 1922.
6. Armory, *Comoedia*, 1er novembre 1923.
7. "Il unit à une rare intelligence une grâce d'animal. Très beau, il a des mouvements, des attitudes, des danses qui sont d'une harmonie et d'une souplesse admirables", Nozière, *L'Avenir*, 1er novembre 1923.

essentiellement la critique qui par ailleurs fit un accueil très réticent à la mise en scène de Gaston Baty.

Grâce à quelques rudiments de civilisation acquis en esclavage aux Amériques, Jones parvient à se faire l'Empereur d'une peuplade africaine. Mais bientôt les sauvages renversent leur maître. Il doit s'enfuir dans la forêt. "*Tête-à-tête de la nature tropicale et de l'homme civilisé*", explique le programme du spectacle. "*Devant nous, en de rapides tableaux, Jones va redescendre le chemin monté par ses ancêtres, tel un film qui se déroulerait à rebours*".[1] Il revit les grandes étapes de sa vie et celles qui ont marqué l'histoire de sa race.

A travers les décors, Baty avait voulu se rapprocher d'une esthétique cubiste, tandis que la mutation progressive de l'homme civilisé vers ses racines primitives passait par un travail artistique et symbolique sur le corps de Benglia. Empereur, il apparaissait guindé dans un uniforme militaire avec épaulettes et double rangée de boutons. Mais au fur et à mesure de sa descente dans les abîmes ataviques de la mémoire de sa race, son corps se dépouille des oripeaux clinquants et superficiels de la civilisation. Et c'est par la danse que Benglia donnait à voir la reconquête de l'âme primitive sur les perversités tyranniques héritées de l'Occident. La critique rendait grâce à la performance physique de Benglia, mais elle réduisait le primitivisme de la chorégraphie à de l'animalité ; tel René Wisner : "*Il a des halètements et des sursauts de bête traquée. Tout son corps fléchit, se redresse, bondit et retombe. Il fait de sa noire académie, un poème exprimant la détresse ou l'espoir. Un acteur joue avec son cerveau et son visage. M. Benglia, lui, joue avec ses muscles. On ne peut dire de M. Benglia que sa poitrine parle, et que ses omoplates crient. La sueur l'inonde, fait reluire son torse bronzé, et prouve qu'il subit en effet, toutes les affres de l'Empereur Jones. Il est impossible d'être plus sincère, d'être plus près de l'animalité, et d'être plus artiste. C'est de la sculpture sur soi. C'est la vie incarnée dans la chair. C'est le triomphe de l'anatomie.*"[2]

---

1. Gaston Baty, *Programme de l'Odéon du 16 au 30 novembre 1923.*
2. René Wisner, *Le Carnet*, 11 novembre 1923.

La puissante impression esthétique que produisait sur scène Benglia trouvait sa répercussion chez les dessinateurs et les caricaturistes qui publièrent de nombreux dessins où ils tentaient de rendre la beauté de sa silhouette et l'étrangeté de ses attitudes.

La pièce eut un succès mitigé. Les critiques trouvaient la mise en scène de Gaston Baty décidément trop "nègre", un tel spectacle n'avait pas, à leurs yeux, sa place sur la scène de l'Odéon, ce haut lieu de la culture. *"Mon premier mouvement fut de trouver tout cela gênant sur notre second Théâtre-Français"*, confie Antoine dans son article de *l'Information*. *"Le long monologue de ce nègre, ses trémoussements, ont un caractère d'exhibition d'abord déplaisant."*[1] Pawlowski avait le même mouvement d'indignation dans *Le Journal* : *"Il est très possible que ces huit tableaux passionnent vivement les nègres qui pourront y trouver de légitimes sujets de fierté ; pour nous, ils nous paraissent un peu primitifs sur la scène du second Théâtre-Français qui vit tant de chefs-d'œuvre."*[2] Et même si l'on reconnaît *"l'admirable plastique"* de Benglia, et ses talents de comédien, notait E. Mas du *Petit Bleu*, *"cela ne suffit point pour justifier la présence de L'Empereur Jones à côté de nos chefs-d'œuvres classiques et des hardis essais de nos jeunes auteurs contemporains."*[3]

Corps fantasmes

Force est de constater que ce qui fascine avant tout dans le spectacle du nègre, c'est sa nudité et sa gestuelle. Si le théâtre d'avant-garde a alors l'audace d'introduire des Noirs comme Benglia dans la distribution de ses pièces, le regard du spectateur, lui, reste plus attaché à l'exhibition physique du nègre qu'à la symbolique du personnage qu'il incarne. Aussi, acteur à sensation dans plusieurs créations de Fernand Bastide ou de Gaston Baty, Benglia fut-il en même temps la vedette de plusieurs revues du music-hall.

---

1. Antoine, *L'Information*, 12 novembre 1923.
2. Pawlowski, *Le Journal*, 1er novembre 1923
3. Emile Mas, *Petit-Bleu*, 1er novembre 1923.

Les nudités nègres provoquent alors une émotion sensuelle qui n'est pas sans subversion et que les metteurs en scène de l'époque s'amusent indéniablement à exploiter. Dans *Haya*, Aïcha qui joue la négresse Nyota, ne porte qu'un "*court pagne bruissant*" et la critique n'est pas insensible à ses appâts, les uns trouvent Aïcha "*souple et charmante*",[1] les autres encensent "*la grâce plastique de la jeune mulâtresse*"[2] ; d'autres dont on imagine qu'ils ont observé le spectacle avec la plus grande conscience professionnelle, ajoutent : "*il faut beaucoup louer la délicieuse impression d'harmonie plastique que nous procure Mme Aïcha*".[3]

Le Correspondant qui fait montre d'une certaine pudibonderie relève dans la pièce "*plusieurs évocations sensuelles quasi maladives*".[4] Il met en garde : "*si un public d'artistes n'en est point choqué, il n'est pas niable qu'elles puissent faire une autre impression sur un plus vaste public*".[5] Toutefois, il n'en défend pas moins les choix esthétiques de Gaston Baty, les nudités nègres ne sauraient être mal jugées, elles contribuent ici à la poésie d'ensemble : "*Il faut comprendre la pensée du metteur en scène, et il serait très injuste de comparer ces épisodes avec telles scènes de revue ou telle "opérette gauloise". Il s'agit d'une peinture à la fois réaliste et symbolique, sans aucun dessin de flatter les curiosités de certains "spectateurs du boulevard", et d'où peut se dégager une idée profonde.*"[6]

Avec *A l'ombre du mal*, la critique s'extasie encore devant la beauté d'Aïcha, qui ne fait pourtant qu'une figuration de quelques minutes sur scène, mais, il est vrai que le pagne qu'elle porte laisse voir un de ses seins : une des rares photos

1. Nozière, *L'Avenir*, 23 février 1922.
2. *Théâtre*, mars 1922.
3. Marcel Rieu, *Comoedia*, 24 février 1922.
4. Maurice Brillant, *Le Correspondant*, 25 mars 1922.
5. *Ibid.*
6. *Ibid.*

que retienne la presse du spectacle ![1] Maurice Brillant ne rata pas l'occasion de vérifier à nouveau la sensualité des mises en scène de G. Baty. Néanmoins, il se posait encore une question morale dans son compte rendu : "Je ne sais ce qu'en eût pensé Bossuet. Peut-être ce nègre diabolique et cette négresse au sein d'ébène l'eussent-ils un peu choqué."[2] Quand la pièce est reprise en 1933, même nudité : une actrice noire montre son sein, mais cette fois, elle tient le rôle de Fatimata, et l'on peut apprécier plus longtemps les qualités de cette "négresse pleine de grâce et de talent".[3] Perfections qui, sur la scène des Folies-Bergère, avaient entre temps porté aux nues Joséphine Baker.

Les spectateurs ne semblent pas attendre du nègre qu'il joue autre chose que ce qu'il est à leurs yeux. Il est sur scène comme ailleurs le nègre, c'est-à-dire l'Autre, et c'est de son étrangeté physique que le public se repaît. Difficile pour le Noir de jouer un autre rôle que celui de cet apparaître auquel le réduit le regard du Blanc.

Dans les années trente, Benglia incarna aussi des rôles comiques de boy ou de roi nègre dans des boulevards. Sa présence dans des rôles habituellement joués par des Blancs grimés, faisait figure d'attraction. *L'Attachée* de Yves Mirande au Palais-Royal fit d'ailleurs tout son succès sur cette originalité. On pouvait lire dans *L'Intransigeant* : *"Pour créer le roi nègre, Olida 1er, la direction, n'a pas regardé à engager un noir bon teint, M. Benglia, d'autant plus dans la peau du personnage que c'est la sienne".*[4] *L'Echo*, qui se voulait spirituel, reconnaissait l'allégresse du jeu de Benglia et ajoutait : *"il a ceci d'inimitable pour le commun des acteurs, c'est d'être réellement noir".*[5] La pièce partit en tournée et la presse de province se montrait encore plus directe : *"La*

---

1. Photo de Henri Manuel parue dans *Comoedia* du 18 octobre 1924. Aïcha porte de grandes boucles créoles, des cheveux "afro", un pagne qui ne cache qu'un sein, et deux régimes de bananes en fléau.
2. Maurice Brillant, *Le Correspondant*, 25 octobre 1924.
3. *Paris-Midi*, 25 janvier 1933. Le rôle était joué par Helen Burney.
4. Lucien Descaves, *L'Intransigeant*, 28 avril 1929.
5. Franc Norain, *L'Echo*, 28 avril 1929.

comédie de M. Yves Mirande a un attrait de plus : c'est que le roi noir qui anime ses trois actes est joué par un véritable comédien noir, le noir Benglia."[1] Ou encore : *"Il est vrai que la pièce se corsait d'une attraction de premier ordre grâce à la collaboration de M. Benglia, le célèbre comédien noir."*[2]

La notoriété de Benglia fut considérable entre les deux guerres, d'autant qu'il tourna de nombreux films et participa au triomphe de *Maya*, pièce dans laquelle il incarnait le barman hindou.

Il avait été le premier grand comédien noir français, mais, contre toute attente et en dépit de plusieurs projets, celui qu'on appelait "le tragédien noir" ne devait pas à l'époque incarner Othello.

1. *L'Eclaireur*, 24 janvier 1931.
2. *L'Eclaireur*, 5 décembre 1929.

Faut-il confondre toutes les couleurs pour obtenir du Noir ?[1]

La Tragédie du roi Christophe

Aimé Césaire / Jacques Nichet

> "*A qui fera-t-on croire que les hommes, je dis tous, sans privilège, sans particulière exonération, ont connu la déportation, la traite, l'esclavage, le collectif ravalement à la bête, le total outrage, la vaste insulte que tous, ils ont reçu, plaqué sur le corps, au visage, l'omni-niant crachat ! Nous seuls... vous m'entendez, nous seuls, les nègres !*"
>
> Aimé Césaire, *La Tragédie du roi Christophe*.[2]

Un taxi-brousse épave, un plateau gondolé, soulevé à ses deux coins extrêmes par une vague souterraine, une vingtaine d'acteurs noirs de toutes teintes, l'un grassouillet, l'autre maigrelet, l'un jeune et bien bâti, l'autre vieux et fluet, l'un grand, l'autre petit, qui tous arpentent frénétiquement les planches, luttant contre la déclivité ; l'épopée de tout un peuple, mais la tragédie d'un homme : *La Tragédie du roi Christophe* d'Aimé Césaire que Jacques Nichet a monté en Avignon 1996 et repris en juin 1997 au Théâtre de la Colline. [3]

---

1. Paru dans *Théâtre/Public*, n° 140, mars-avril 1998.

2. Aimé Césaire, *La Tragédie du roi Christophe*, éditions Présence Africaine, Paris, 1963, rééd. 1970, p. 59.

3. *La Tragédie du roi Christophe*, spectacle créé en Avignon dans la Cour d'honneur du Palais des Papes, en juillet 1996 et repris après une tournée en France, au Théâtre de la Colline du 15 mai au 22 juin 1997. Texte : Aimé Césaire, mise en scène : Jacques Nichet, assistants à la mise en scène : Jean-Jacques Préau et Gérard Lieber, collaboration artistique : Jean-Michel Vives, scénographie : Pierre Heydorff,

Des images qui soulèvent la scène

Jacques Nichet a mis en scène un spectacle porté tout entier par une dynamique métaphorique qui puise aux sources des images poétiques de Césaire. Cette dynamique imaginaire est double. Tandis que la lame de fond du navire de la liberté soulève le plancher du théâtre, une carcasse de bus anachronique nous emporte dans un voyage à travers l'histoire et se change sous nos yeux en vaisseau-fantôme hanté par des personnages aussi inquiétants que drolatiques.

L'extrême économie de la scénographie permet de jouer sur une véritable rencontre d'énergie entre l'horizontalité du bus qui indique une ligne de fuite latérale et la verticalité du plateau qui se soulève. La métaphore du soulèvement rencontre celle du départ, de l'exil, de cet arrachement qui s'est appelé la traite. Et tout l'enjeu du drame de Christophe est bien là, changer le *negro tractus* de l'esclavage en *homo erectus* de la liberté.

Ces "milliers de nègres demi-nus
que la vague a vomis un soir,
d'où venus ! dans leur fumet de bêtes de chasse à cour",[1]

---

assistant à la scénographie: Cyril Gomez-Mathieu, direction musicale : Georges Baux, adaptation des chants haïtiens : James Germain, composition à la flûte peule : Aly Wagué, création sonore : Bernard Vallery, costumes : Andreu Sanchez et Catou Verdier, lumières : Marie Nicolas et Michel Le Borgne, maquillages : Catherine Nicolas, avec Emile Abossolo-M'bo, Alain Aithnard, Kangni Alemdjrodo, Prince Bilau Yaya Georges, Alan Boone, Yanecko R.P. Romba, Jacques Fornier, Moïse Gabelus, James Germain, Sylvie Laporte, Robert Lucibello, Guy Stanislas Matingou, Mouss, Louya Victor Mpene Malela, Denis Mpunga, William Nadylam Yotnda, Edouard Montoute, Xavier Thiam, Aly Wagué. Coproduction : Théâtre des Treize Vents, Centre Dramatique National Languedoc-Rousillon-Montpellier, Festival d'Avignon, Théâtre/scène nationale de Narbonne, Les Gémeaux/Sceaux/ScèneNationale, Théâtre des Salins-Scène Nationale de Martigues, avec l'aide du Ministère de la Coopération, de l'Union Européenne, de la DRAC Martinique, de la Région Languedoc-Roussillon, de l'ANPE Culture et Spectacle-Montpellier.

1. *Ibid*, p. 38.

Christophe veut les redresser, les remettre debout, redonner à ceux que l'on a enfoncé "au plus bas du courber"[1] la démarche noble et droite de l'homme. A force d'obstination et de sacrifice, il parvient à "*édifier* ce peuple"[2], à ériger cette citadelle imprenable de la noblesse nègre retrouvée, et, dans la mise en scène de Jacques Nichet, grâce à une prouesse scénographique d'une grande force théâtrale, à détourner le bus de sa trajectoire et à le redresser vers le ciel en une tour de Babel défiant toutes les transcendances profanes ou sacrées, coloniales ou divines.

Des images qui confondent les maux

Cependant, si cette accélération de l'histoire, dans laquelle emporte la dynamique scénique, répond assez bien à l'urgence de la tâche que s'est assignée Christophe, à son impatience, elle nous entraîne dans une mise en scène "zappante", où les images défilent et glissent les unes sur les autres véhiculant les clichés qui habitent la conscience collective occidentale. La guerres civile haïtienne convoque toutes les guerres, les époques se mélangent et les uniformes aussi, la démesure paternaliste de Christophe convoque toutes les dictatures, tous les régimes totalitaires. Les képis de l'Armée rouge côtoient les drapeaux populaires de la Chine de Mao, les casques de l'armée américaine rencontrent ceux des chantiers du bâtiment, les chapeaux claques saluent les melons comme les grands feutres de cow-boy... Le bus se métamorphose tour à tour en tribune, en pont de navire, en diligence de western, en petit cabanon avec ses lampions de fête, en locomotive à vapeur, et devient finalement cette ambition pharaonique de Christophe : la citadelle.

Devant la tour de Babel, Dieu avait confondu les langues, Nichet confond les peuples et les souffrances pour obtenir de l'intemporalité et de l'universel. Tout un réseau d'anachronismes nous emporte dans un périple politique à travers l'histoire des génocides, des dominations et des

---

1. *Ibid*, p. 40.
2. *Ibid*, p. 61.

massacres. Nichet a voulu faire de Christophe la figure emblématique et universelle du dictateur, l'emblème du libérateur étourdi par le pouvoir et qui finit par imposer une autre aliénation à son peuple.

Mais il occulte ainsi d'où vient Christophe, et le sens de sa mission. Christophe est le pérégrin en quête de la cité idéale, il a un voyage à accomplir, et, comme Moïse, tout un peuple à porter de l'autre côté de cet océan qui l'a vomi. Voilà l'enjeu du règne de Christophe, il doit faire traverser son peuple vers la terre de ses Ancêtres, l'emmener de l'esclavage à la liberté, de l'animalité à l'humanité retrouvée, et le voyage n'est pas une simple traversée, c'est une remontée, une ascension vers la lumière, une naissance. Son peuple est enfoncé dans une raque, il doit l'arracher à la boue, reconstruire son humanité bafouée, piétinée :

"Une *raque*. Vous savez ce que l'on appelle une *raque* : l'énorme fondrière, l'interminable passage de boue. Précisément sur les berges de l'*Artibonite*, vous connaissez *la raque à Maurepas*, cette boue compacte, infinie, et ce siècle c'est la pluie. Oui. Dans la *raque*, nous sommes dans la *raque* de l'histoire.

"En sortir, pour les nègres, c'est cela la liberté. Et bougre ! Malheur à vous si vous croyez que l'on vous tendra la main ! Alors, vous m'entendez : on n'a pas le droit d'être las."[1]

Seulement Christophe commet l'erreur de croire qu'il est possible de laver la honte de l'esclavage. La tragédie de Christophe, c'est l'égarement pathétique d'un homme dont le peuple, comme aucun autre peuple, a été ramené à l'animalité et qui croit pouvoir lui redonner sa dignité par les seules valeurs que reconnaisse l'Occident. Mais on ne construit pas une civilisation aux normes occidentales de respectabilité en accéléré. La citadelle, cette échelle de Jacob, ce sont tous les rêves de grandeur d'un homme qui croit devoir bâtir les preuves tangibles de son humanité, et mesurer le degré d'évolution de son peuple à la hauteur de l'édifice. Ces valeurs qu'il croit les bonnes le transforment à son tour en colon. Les siècles

---

1. *Ibid*, p. 98.

d'esclavage qui ont pesé sur sa race ont fermé l'horizon de Christophe qui ne sait plus que reproduire le modèle du maître et condamne l'oisiveté et l'insouciance de son peuple parce qu'il est aliéné au point de porter en lui la culpabilité de l'esclavage. C'est le poids de la faute qui a provoqué la chute et l'enfoncement "au plus bas du pâtir"[1] qu'il tente vainement de soulever jusqu'au ciel.

La tragédie de Christophe est la tragédie de celui qui n'a pas compris que rien ne pourrait jamais racheter l'esclavage, et qu'il fallait défendre d'autres valeurs que celles du conquérant. Aimé Césaire écrit cette pièce en pleine mouvance négritudienne et dénonce la méprise tragique du nègre qui redresse fièrement la tête mais continue de voir le monde avec les yeux du Blanc. Le vrai drame de Christophe est d'avoir fait passer son rêve de rachat avant la réalité profonde de son peuple, les valeurs profondes d'une culture qui ne s'apparentent en rien aux valeurs matérialistes de l'Occident. La citadelle, c'est le rêve et le tombeau de Christophe.

Colosse aux pieds d'argile, Christophe est écrasé par l'ampleur de la tâche qu'il s'est fixée. Et cette blessure au pied qui l'atteint est celle de l'esclavage qui le rattrape, celle du pied que l'on coupe à l'esclave marron. Césaire montre qu'il est vain de vouloir combler la fosse ouverte par l'esclavage : rien ne pourra jamais colmater cette plaie béante, même la citadelle la plus haute.

Certes, tous les dictateurs ont des airs de famille, toutes les guerres se ressemblent, tous les massacres se valent, mais il y a danger à les confondre tous dans le même mal, car c'est se décharger de toute responsabilité dans le grand chaudron de la fatalité où cuit et s'endurcit la nature humaine. La souffrance nègre n'a pas besoin d'être intégrée, elle a d'abord besoin d'être reconnue. Christophe n'est pas une figure universelle, c'est un héros tragique qui a cru en l'universalité des valeurs occidentales, alors que le nègre ne peut s'affirmer que dans la différence.

---

1. *Ibid*, p. 40.

Des images à inventer

Le drame du peuple noir est celui d'un peuple qui subit la fatalité de l'image. S'arrêtant à son apparaître, l'Occident a très tôt figé l'homme noir dans des représentations toute faites qui permettaient de maintenir l'autre à distance et de ne jamais se confronter à sa réalité au risque d'une remise en cause de soi. Les relations du peuple noir avec l'Occident sont tout au long de l'histoire ponctuées de clichés qui détournent le regard des réalités : le cannibale avec os dans la narine et plumes au derrière, le bon nègre dansant, le négrillon enturbanné, le roi nègre en chapeau claque, guêtres et monocle, la bonne nounou, le tirailleur Banania, le travailleur immigré, etc. L'imagerie occidentale ne retient pas de l'esclavage la sueur, le sang, le vomis, la souffrance et la mort, mais la nonchalance d'un peuple qui aime la fête et la musique. La réalité de l'esclavage n'a pas d'images dans la conscience collective occidentale, la colonisation non plus. La souffrance nègre n'a pas de représentation, c'est une souffrance archéologique : quelques colliers et chaînes de fer rouillés...

Non seulement Nichet laisse l'histoire contemporaine de l'Occident envahir le plateau, mais sa mise en scène n'a pas su parfois échapper à ces stéréotypes. On a droit aux nègres en haut de forme et lunettes noires, au pantalon trop court et sans chaussures. Or ré-insuffler dans un spectacle des images d'Epinal qui remontent à la propagande coloniale sans les dénoncer, et juste pour leur contenu comique, n'est pas sans danger, car c'est à nouveau figer l'histoire du nègre dans un prêt-à-penser occidental.

Il est nécessaire non seulement de déconstruire les clichés, mais aussi de reconstruire les images de l'histoire nègre sans à tout prix leur substituer des équivalents occidentaux prétendus plus accessibles à nos consciences collectives. En cachant des cadavres derrière d'autres cadavres, on n'exhume rien, on n'enterre pas non plus, on crée un charnier où les morts restent méconnaissables et anonymes.

Peter Brook et les acteurs noirs[1]

Travailler avec des acteurs originaires d'Afrique, pour Peter Brook appartient plus largement à ce principe de la distribution planétaire qu'il commence à appliquer aux Bouffes du Nord avec *Timon d'Athènes.* Mais c'est surtout avec les *Iks* que *"Brook s'attaque à la meilleure manière de présenter l'autre sans préjugé ni respect d'une quelconque convention raciale"*[2] remarque Georges Banu. En fait, Brook travaille à faire en sorte que la race ne fasse plus sens. De sorte qu'un Blanc ou un Jaune puisse jouer un Noir, sans autre signification que celle du théâtre. Brook aborde l'acteur comme matériau humain à pétrir quelque soit son origine. Ce qu'il privilégie, selon Georges Banu, *"c'est la présence de l'acteur, son pouvoir d'illumination sur le plateau, de même que la correspondance avec une certaine image déjà constituée du rôle".*[3] C'est sur ce principe que s'est construite la distribution du *Mahabharata.*

L'attrait de Sotigui Kouyaté repose sur cette présence et une aura particulière qui intéressait Brook au plan emblématique. Pour répondre à la force narrative de l'épopée indienne, Brook a sélectionné *"des acteurs qui apparaissent d'abord comme des emblèmes dont la lisibilité et l'assimilation au rôle ne sont pas le résultat d'un processus évolutif dans la durée, mais une donnée initiale".*[4] Selon Georges Banu, Brook, fait intervenir les critères de la distribution cinématographique. Il rejette la composition est privilégie les identités, les particularismes,

---

1. Paru dans *Africultures*, dossier "Acteurs noirs", n° 27, avril 2000.
2. Georges Banu, *Peter Brook de Timon d'Athènes à la Tempête*, Flammarion, Paris,1991, p.69.
3. *Ibid.*, p. 72.
4. *Ibid.*, p. 73.

l'expressivité du port, de la gestuelle. L'ensemble de la corporéité l'intéresse davantage que la perfection du jeu, que la justesse et la nuance. Comme au cinéma, la diction du texte passe au second plan, et ce sont avant tout des corps qu'il s'agit de retenir.

Dans l'ouvrage qu'il a consacré au travail du metteur en scène des Bouffes du Nord, Georges Banu cite Peter Brook qui s'exprime ainsi au sujet de sa relation avec les acteurs : *"Je n'aime pas chez les acteurs ceux qui veulent faire des constructions. C'est pour ça, par exemple, que j'ai de très, très bonnes relations avec les acteurs africains, parce que ce ne sont pas du tout des acteurs naïfs et intuitifs, ce sont des acteurs très, très professionnels, dans le sens qu'ils ont beaucoup de compétence, de métier. Mais ils ne cherchent pas du tout à se cacher derrière le rôle. Au contraire, ils cherchent à être totalement ouverts pour que le rôle s'exprime à travers tous leurs moyens. C'est le contraire du grand acteur de composition occidental où tout est une construction artistique et ce qui se passe à l'intérieur est souvent presque impossible à trouver. C'est la construction par la virtuosité. Chez l'acteur, je cherche cette pureté qui apparaît quand il s'ouvre."*[1]

Cependant, la rencontre avec Sotigui Kouyaté et Bakary Sangaré allait engager le travail de Peter Brook dans une recherche qui dépasse largement le principe de la distribution planétaire ou celui de la distribution emblématique. En choisissant de confier le rôle de Prospéro à Sotiguy Kouyaté et celui de Caliban à David Bennent, il s'inscrit dans une vraie logique de rupture avec l'image traditionnelle du couple maître-esclave. Non seulement l'image du colonisé n'est pas là où on l'attend, mais convoque tout autre chose : l'univers de la magie. Le physique et la plastique à la fois grêle et majestueuse de Sotiguy Kouyaté qui se dressait comme un arbre centenaire au milieu du jardin zen qu'évoquait le décor contrastait avec l'allure rabougrie et pelotonnée de David Bennent jouant les gnomes. Avec *Qui est là ?* la distribution de Bakary Sangaré dans le rôle d'Hamlet, tandis que Sotiguy Kouyaté incarnait le spectre, servait de toute évidence à interroger la présence au

1. *Ibid.*, p. 74.

théâtre et le rapport du spectateur au visible et à l'invisible. Et c'est toujours cette même interrogation qui continuera de se déployer dans les créations suivantes notamment autour de *L'Homme qui*.

C'est seulement aujourd'hui avec *Le Costume*, une pièce sud-africaine, que Bakary Sangaré et Sotigui Kouyaté jouent des Africains sous la direction Peter Brook comme s'il s'était agit d'explorer aussi cette autre dimension de l'acteur noir située sur le versant identitaire et que les mises en scène passées n'avaient peut-être pas permis de laisser s'exprimer.

Deux générations d'acteur[1]

A la scène comme à l'écran, les acteurs noirs ne sont pas légion dans le paysage artistique français. En dehors d'Isaach de Bankolé parvenu à tenir l'affiche pendant une dizaine d'années avec des premiers rôles au théâtre comme au cinéma, en dehors de Sotigui Kouyaté et Bakary Sangaré dont l'image reste attachée au théâtre des Bouffes du nord, ou encore de Pascal Légitimus, le coloré des Inconnus, et Dieudonné qu'on préfère cantonné au rôle de comique, la France compte ses acteurs noirs sur le bout des doigts et la critique s'émeut encore aujourd'hui quand un metteur en scène comme Declan Donnellan confie le rôle de Rodrigue à un comédien noir : William Nadylam. Que veut-il signifier ? Y-a-t-il du sens derrière ce choix ?

Au théâtre comme au cinéma, on limite encore l'acteur noir à sa couleur. Les qualités de l'acteur importent peu à côté de sa plastique. Et quand il occupe l'espace, son image est bien souvent récupérée et mise au service d'intentions qui le dépassent : faire-valoir, touche exotique, trait d'humour, repoussoir, sexe-symbole, alibi social, ou figure ancestrale. Comment se manifeste ce phénomène, comment s'explique-t-il. Comment les acteurs eux-mêmes le ressentent-ils ?

De Greg Germain :
Premier héros noir du petit écran...

Tout en menant une carrière très remplie au théâtre, où il joue LeRoi Jones, Jean Genet, Patrick Chamoiseau, mais

---

1. Extraits du dossier "Acteurs noirs", in *Africultures*, n° 25, avril 2000.

aussi Molière, Shakespeare, Arrabal, Garcia Lorca... Greg Germain tourne au cinéma avec Jacques Demy, Claude Chabrol, Yves Boisset, et bien d'autres... Mais c'est la télévision qui lui donnera dans les années 70-80 une notoriété sans précédent pour un artiste noir en France. Il devient le héros d'une série et le "médecin de nuit" qu'il joue entre dans des millions de foyers français. Il dirige aujourd'hui le Théâtre de la Chapelle du Verbe Incarné en Avignon, un espace d'accueil pour les créations d'Outre-mer et d'Afrique, dont l'ouverture en juillet 1998 a fait date dans l'histoire du festival.

Vous avez été le premier acteur noir à interpréter pour la télévision française le héros d'une série. Comment s'est faite cette création ?

Je m'aperçois que ça a été le début de carrière de tout jeune comédien prometteur avec du talent. J'ai toujours voulu faire ce métier. J'ai eu d'abord à convaincre mes parents que je n'ai d'ailleurs jamais convaincus. A l'époque, j'étais étudiant. J'avais entendu dire que Jean-Christophe Averty montait pour la télévision *Les Verts pâturages*. Je me suis présenté. Averty a demandé qui est acteur, qui est figurant. Naturellement je me suis présenté comme acteur. La première fois que je suis venu en Europe, j'avais cinq ans. Ma mère m'emmenait au théâtre et j'ai toujours voulu jouer la comédie. Dans mon île en Guadeloupe, plusieurs fois par an, je montais des pièces de théâtre avec mes amis. Au lycée en France, je montais régulièrement pour les fêtes de fin d'année des vaudevilles, des Feydeau... sans prétention, mais on disait celui là, il fera du théâtre. J'arrive à la production des Buttes-Chaumont, Averty dit : les figurants mettez vous par là, les acteurs par là et naturellement je me suis rangé avec les acteurs. Il restait un rôle à distribuer, il a fait passer une audition à ceux qui s'étaient mis du côté des acteurs. Et j'ai eu le rôle. Robert Liensol, qui avait fondé la Compagnie des Griots depuis 1954, qui avait joué *Les Nègres* de Genet mis en scène par Blin m'y a vu, puis Melvin Van Peebles qui était à l'époque à Paris et comme je parlais très bien anglais, m'a demandé d'être son assistant pour une pièce qu'il montait. Il s'agissait de *La Fête à Harlem* avec Darling Légitimus, Robert Liensol, Théo Légitimus, James Campbell, et quelques autres. A un moment, un des acteurs part en claquant la porte, persuadé qu'on ne parviendrait pas à monter la pièce. Melvin me demande si je peux jouer le personnage, je monte sur la scène et comme j'ai plutôt une bonne mémoire, je connaissais pratiquement le rôle. Nous partons finalement en tournée : Namur, Bruxelles, Mons, la Suisse... Je rentre à Paris, je reprends mes études, Robert Liensol m'appelle pour me dire que Antoine Bourseiller cherche un jeune acteur pour jouer une pièce de LeRoy Jones : *Le Métro fantôme*. Je me présente, je passe un essai, quatre jours après, Bourseiller m'engage. On a fait une longue tournée et je suis entré dans sa troupe. Après *Le Métro fantôme*, je joue *Le Balcon*, *Le Misantrophe* et je décide de devenir vraiment acteur. Je fais une carrière au théâtre, nous sommes dans les années 1970. Je fais quelques bouts de rôle à la télévision, mais il n'y avait quasiment pas de Noir à la télévision, jusqu'à ce que Bernard Kouchner écrive un jour *Médecins de nuit*.

Il y avait un rôle de médecin noir dès l'origine du scénario ?
Oui, nous sommes dans les années 77-78, il avait un copain médecin noir avec qui il avait fait ses études, et lorsque Bernard Griden (le nom d'auteur de Kouchner) a imaginé cette série, il s'en est inspiré. Philippe Lefèvre, qui était premier assistant et qui sera par la suite réalisateur, avait été l'assistant de Jacques Deray sur *Borsalino and Co* ; il m'avait vu dans le film et m'a fait passer un essai. Et me voilà propulsé dans la sphère de cette gloire éphémère que représente la télévision pour qui je tourne tout de même 36 épisodes, ce qui est beaucoup pour l'époque et qui m'emmène jusqu'en 1984. J'ai tourné par la suite dans beaucoup de films : *Violette Nozières* de Claude Chabrol, un film de Jean-Louis Perrier avec Jacques Dutronc et Léa Massari qui s'appelle *Sale rêveur*. J'ai une carrière, mais à partir de 1985, les rôles intéressants disparaissent du paysage...

Vous avez le sentiment qu'il y a moins de rôle pour les acteurs noirs à partir de 1985 ?

A l'époque, j'étais régulièrement invité aux jeux télévisés. Je participais à la vie culturelle, au paysage audiovisuel de ce pays. Entre 1958 et 1985, les Noirs participaient plus naturellement à la vie culturelle de la nation française, pas beaucoup certes ! En 1958-59, on monte au théâtre *Les Nègres* et *La Tragédie du Roi Christophe* ; Robert Liensol pense à monter une compagnie noire, et ce sont des pièces qui se jouent pendant un ou deux mois, voire trois dans les théâtres parisiens. Il n'y a pas de blocage systématique, c'est Serreau, c'est Blin. Moi-même, je fais partie d'une troupe, et joue dans toutes les pièces américaines montées par Bourseiller à l'époque. Plus de 18 pièces ont été montées avec des acteurs noirs souvent en premier rôle, c'est-à-dire au moins une par an. Brusquement, après 1985, les choses se ralentissent, au théâtre, les pièces se comptent sur les doigts de la main. Malgré l'explosion audiovisuelle (privatisation de TF1, Canal +, la 5, la 6, sans parler des chaînes câblées), il n'y a presque plus aucun Noir à la télévision, si ce n'est deux ou trois, dans des rôles bien précis ; les autres sont des dealers, des délinquants ; comme s'il s'agissait de refléter ce que pense la société française. Le personnage que joue Jacques Martial dans *Navarro* s'appelle Bain-Marie ! Je n'ai aucun ami qui s'appelle Bain-Marie ! Et il a un enfant tous les trois épisodes. C'est une "mule", comme on dit. Le flic que joue Mouss Diouf dans *Julie Lescaut*, il sort d'où ? On ne sait pas. En tout cas il est celui qui cogne sur les suspects... Ce sont des rôles de faire-valoir, j'allais presque dire de repoussoir. Je suis très malheureux pour cette nation quand je dis cela.

Vous avez une explication à ce phénomène ?

En 1981, a été inventée à tort ou à raison, stratégie politique ou pas (c'était peut-être le débouché naturel de la nation française...) : l'extrême droite. Et la société française, à gauche comme à droite s'est crispée autour de la représentation autre que blanche à la télévision française ; il s'en est suivi cette grande frustration que j'ai ressentie en refusant ce qui ne m'allait pas. Surtout, on s'est aperçu que des pans entiers de la population française n'étaient pas concernés par la télévision de ce pays. Pourtant, lorsque nous avons repris l'expérience d'Avignon à l'Epée de Bois en 1999 avec *Le Balcon* de Genet,mais aussi *L'Esclave et le Molosse* de Chamoiseau et *Vie d'Ebène*, en 21 représentations, il y a eu 3900 spectateurs, des spectateurs noirs, Antillais et Africains mélangés, venant au théâtre pour la première fois et prouvant à la nation que le simple fait d'avoir une représentation quelque part leur permettait d'avoir un développement culturel dans cet hexagone. Et c'est peut-être le plus gros reproche que je ferais à cette nation : celui de s'amputer de pans entiers de sa population. Par frilosité, par crispation.

Voulez-vous dire qu'à partir du moment ou a émergé le Front National, on s'est dit : "La France est raciste. Par conséquent si on veut garder l'audimat, il faut proposer une image qui ne dérange personne" ?

Bien sûr. Je suis sûr que sur les trois mille lettres que j'ai reçues quand je faisais *Médecin de nuit,* il y en a qui votaient FN. Mais ce n'est pas la même chose. Que TF1 fasse ce qu'il veut pour garder son audimat, c'est une société privée, elle en a légalement le droit. Mais que France 2, France 3 que nous Noirs français payons, suivent cette même politique, c'est anormal. Il y a une chape de béton au-dessus des Noirs français aujourd'hui. Où est le général noir, où est l'ambassadeur noir ou arabe dans la France d'aujourd'hui ? Ils pourraient très bien servir la France. Qu'est ce qui serait mieux qu'un ambassadeur d'origine africaine en Afrique ? Qu'un Arabe français travaillant au nom de la France en Irak ? Il y a une vraie amputation tant sociologique que culturelle. La télévision, le théâtre, le cinéma ne font que traduire la société française. Il ne faut pas chercher plus loin pourquoi "les nouveaux créoles" mettent le feu dans les banlieues. C'est comme cela que je les appelle car quand il y a choc de civilisation, on peut parler de créolité. Ces nouveaux créoles mettent le feu dans un pays qu'ils n'estiment pas être le leur.

Le fait qu'il n'y ait pas de représentativité à la télévision est aussi lié à l'absence de scénarios proposés...

Tout va de paire. Lorsque après 85 je m'aperçois que ce que je reçois n'est pas intéressant, je me dis : t'as qu'à écrire ! J'ai compris soudain pourquoi les auteurs noirs n'écrivent pas de scénario. Un de mes copains m'avait mis dans un téléfilm qu'il faisait et le producteur lui a dit : "ah mais non, il y a déjà un Noir on va pas en mettre un deuxième". Et c'était l'année dernière ! Bref, en 85 je décide d'écrire et à cette époque-là je gagne très bien ma vie, je suis même un seigneur du doublage. Je double toutes les séries, et il y en a des Noirs dans les séries américaines ! J'écris donc une série, je prends ma sacoche et grâce à mon nom, à l'aura que je peux avoir à la télévision, je finis par convaincre au bout de trois longues années. Je me reproche beaucoup de choses ; au bout de ce parcours, je suis arrivé exténué. Non pas que je n'ai pas bien fait mon métier d'acteur quand nous avons tourné ces treize épisodes de *Panique aux Caraïbes*, mais j'ai fait confiance sur la production, le montage, le choix des réalisateurs, à ceux qui avaient dit oui car je pensais qu'ils menaient le même combat que moi. Mais non ! La SFP battait de l'aile et voulait faire une série qui pourrait rapporter à son producteur un peu d'argent, celui qui a commandé cette série à France 2 est parti un an après, les autres l'ont sabrée et je ne me suis pas battu jusqu'au bout, exténué.

Il faut dire que la société française était à cette époque très crispée : le Front national, après les élections législatives, avait commencé à battre tout le monde à droite comme à gauche en provoquant des triangulaires. La société française était dans une espèce de *maestrum* politique, l'extrême-droite faisait parfois jusqu'à 20-22%. La première fois que cette série sort, c'est le 14 novembre 1989, le 7 novembre il y avait une série avec Francis Huster qui faisait 4 % ; quand ma série sort, elle fait 23 % ; la semaine d'après elle est déprogrammée. Je n'ai jamais su pourquoi. Elle passe ensuite le dimanche à 13h30. Là, sincèrement, j'ai été déçu par ce pays. Mais depuis peu, je sens que les choses sont en train de changer. D'abord parce que plutôt que de demander, nous décidons de nous battre du côté du gouvernement sans faire, hélas, autant de bruit que Calixthe Beyala a su le faire. Mais je suis parvenu à monter un théâtre à Avignon, que j'aurai pour 10 ans. Cet espace fait aujourd'hui partie presque de façon incontournable du paysage théâtral avignonnais. C'est de notre responsabilité d'attirer l'attention du monde sur le racisme de ce pays qui ne rate aucune occasion de donner des leçons de Droits de l'homme aux autres, mais il faut quand même que de notre côté nous prenions nos affaires en mains ; nous avons du talent, nous devons le prouver.

Avez-vous adhéré au Collectif Egalité ?

Bien sûr ! D'autant que le Collectif ne fait que reprendre ce que je dis depuis dix ans avec mon association CinéDOMplus. Il est important que le Collectif existe et tant mieux s'il fait du bruit. Mais je crois aussi qu'il faut continuer le processus de développement. Inutile de se retrouver dans la situation où le maître donne quelque chose, non pas parce qu'il a bon cœur, mais parce qu'il s'y sent obligé. Aujourd'hui, je veux faire par moi-même ; je crois qu'une attitude verticale est essentielle, et l'attitude citoyenne est aussi importante que l'attitude légale.

Et la notion de quota ?

C'est toujours la même chose : on ne craint que ceux qui peuvent vous nuire. Les majorités silencieuses, tout le monde s'en fout. Il faut donc faire comprendre à ceux qui sont leaders que l'enjeu est important pour leurs intérêts électoraux ou financiers. Le petit travail que je fait de mon côté, il n'est pas resté inaperçu : quand pour la première fois à la Cartoucherie de Vincennes on voit peut-être 2500 Noirs qui vont au théâtre, les autres directeurs de salle peuvent se dire : "Mais dis donc, ça veut dire qu'ils ont un public..."

Ne pensez-vous pas que c'est dans les commissions de décision qu'il faut imposer des quotas ?

Tout à fait, car c'est là que se trouve le vrai pouvoir. Noir ou Arabe, qui siège au CNC ? L'œuvre du Collectif est intéressante justement lorsqu'elle provoque des esclandres à la télévision pour alerter l'opinion publique qui est moins bête que les gouvernants semblent le supposer, moins de droite qu'ils semblent le supposer aussi.

Paris, février 2000
Propos recueillis par Sylvie Chalaye

.... à Marco Prince : star de la musique au théâtre

Un père béninois, une mère togolaise, il a sept ans quand il arrive en France. Il est aujourd'hui devenu une star du Funk français. Chanteur et musicien, on connaît Marco Prince comme leader du groupe FFF et pour ses musiques de films : *Frantic* de Polanski ou *Vive la République* d'Eric Rochant. Mais à côté de la musique, il mène discrètement, depuis quelques années, une carrière de comédien. Au cinéma, il vient de tourner dans *Total Western*, le dernier film d'Eric Rochant et Peter Brook, en 1999, lui a offert son premier rôle au théâtre dans *Le Costume*, à côté de Sotigui Kouyaté et Bakary Sangaré.

Comment s'est faite la rencontre avec Peter Brook ?
Son assistante m'a appelé et m'a demandé si je voulais bien rencontrer Peter Brook. C'était pour créer une musique autour du spectacle et de l'Afrique du Sud des années soixante. J'ai rencontré Peter Brook plusieurs fois, on a beaucoup parlé. Au fur à mesure a germé l'idée que je pourrais aussi participer à la pièce, non plus seulement en tant que musicien.

C'est au cours des répétitions que vous avez trouvé votre place ?
J'ai commencé à faire un tout petit rôle, puis un plus grand puis un plus grand, et j'ai finalement eu la place que j'ai aujourd'hui dans la pièce. Je suis ravi d'avoir été accepté dans une troupe aussi prestigieuse. Sotigui Kouyaté, comme Bakary Sangaré ou Marianne Jean-Baptiste, sont devenus aujourd'hui des amis.

Comment a travaillé Peter Brook sur ce spectacle ?
C'était très divers. Il pouvait accentuer la rencontre du jour sur du sensoriel et uniquement sur du sensoriel, des choses très concrètes ou à l'envers sur des choses très abstraites. Pendant le premier mois de répétition, on a presque pas touché au texte. Il disait que le texte était secondaire et qu'il fallait surtout trouver les rythmes de vie, le sens de la respiration des personnages.

Quelquefois, on échangeait les rôles. Il m'est arrivé de jouer Maphikéla ou même Matilda.

Qu'a représenté pour vous cette expérience ?
Une vraie responsabilité. Quelque soit son origine, l'histoire de l'Afrique du Sud, c'est quelque chose de particulier pour un Noir. Dès qu'on s'y penche un peu, cela rappelle des choses pesantes, douloureuses, qu'on a pas forcément envie de se remémorer. Il s'est avéré que la pièce était divertissante, tout en étant très troublante. A partir du moment où on travaille avec des sentiments forts, c'était important de pouvoir approcher cela avec justesse. On n'avait pas le droit de se tromper sur certaines choses. Pas le droit de se laisser aller à la facilité.

Quelle était la posture de Peter Brook pendant les répétitions ? Comment a-t-il abordé les choses ?
Il y a eu des tensions comme dans tout spectacle, mais il y a eu des tensions d'hommes. Impossible de ne pas se rendre compte qu'il y avait quatre acteurs noirs et un metteur en scène blanc et que cela reproduisait une espèce d'approche qui ressemblait précisément à l'état dont on parlait. Une majorité noire et un directeur blanc : c'était assez cocasse, on en parlait, on s'en amusait même souvent. Mais que serait-il advenu de cette pièce, si elle avait été la volonté entière d'un metteur en scène noir ? Je ne sais pas si on en aurait parlé. Quand on est comédien noir et que l'on regarde les choses en face, il y a de grands moments de tristesse qui naissent.

Vous aviez, avant de faire du théâtre, interprété déjà quelques rôles au cinéma.
J'avais des velléités de devenir comédien au départ. Mais très vite j'ai été dégoûté par le fait qu'il n'y avait pas en France les moyens de s'exprimer pour un comédien noir ou... qu'il me faudrait souffrir beaucoup en tout cas ! *(rires).*

Vos premières expériences de comédien ont été difficiles ?
Nous étions une bande de jeunes fous. J'habitais dans un appartement avec Isaach de Bankolé, on voyait aussi beaucoup Alex Descas. On était une bande de copains qui n'avaient peur

de rien, on était persuadés d'être la jeune garde noire. On courrait les castings. On ne laissait rien passer, on se téléphonait pour se filer les tuyaux. Même quand on cherchait un acteur d'une trentaine d'année blond aux yeux bleu, on y allait par provocation. On s'amusait à faire enrager les directeurs de casting. Puis on s'est mis peu à peu à travailler. Isaach a eu la chance de décoller avec *Black micmac*, ce qui nous a un peu éloigné les uns des autres. Moi je faisais de la musique et le groupe s'est mis à marcher très fort.

Et vous avez renoncé au cinéma.
Plutôt que d'être malheureux en attendant de jouer un balayeur ou un drogué de plus, je me suis recentré sur la musique. Le constat de base, c'est que s'il y avait de la place pour un comédien noir c'était bien tout. Et quand les scénaristes écrivaient un rôle de Noir, il l'écrivait pour Isaach. Surtout quand il a commencé à représenter quelque chose sur le plan commercial. Mais sur mon parcours, j'ai fait un film avec Losey qui s'appelait *La Truite*. J'ai fait *Frantic* avec Polanski, j'ai même croisé par deux fois Sotigui Kouyaté avec *Neige*, le film de Juliet Berto, puis un téléfilm avec Cyril Collard qui s'appelait *Tagueur*.

Vous avez aujourd'hui d'autres projets du côté du théâtre ?
J'ai pris beaucoup de plaisir à faire ce spectacle avec Brook, mais parce que c'était lui. En fait j'ai vraiment envie de faire du cinéma. Et des rôles qui ne soient pas exclusivement écrits pour des Noirs. Je voudrais pouvoir aller sur les castings et ne plus entendre la fameuse phrase : "Oui, mais il n'y a pas de Noirs dans le film"!

Est-ce que vous adhérez au Collectif Egalité ?
Pas tellement. Quelque chose me gêne dans cette action, quelque chose m'a freiné. Je me demande si c'est là que se situe le combat, si la représentation des Noirs dans les séries est essentielle. Mais politiquement où en sont les choses ? Voilà qui est beaucoup plus important pour moi, que de savoir s'il y aura prochainement un flic noir à la télé. J'ai très peur des quotas, si les choses ne viennent pas naturellement, autant les

prendre, que les obtenir par une loi. J'attends qu'il y ait un réveil des jeunes générations, que les auteurs se mettent à écrire. Moi j'ai envie de voir des Noirs dans l'hémicycle se lever et prendre part au débat chaque jour. L'issue est politique. Je suis sûr qu'à 20h30, un rôle de médecin noir peut faire avancer les choses dans la tête des gens. Maintenant, ce n'est pas par le divertissement qu'elles changeront fondamentalement. C'est un leurre pour moi. Le combat passe par les urnes de vote. Je ne serais pas fier de voir un frère de couleur dans une série navrante juste parce que le quota doit être respecté.

Mais les quotas ne sont pas une fin en soi.
Pour moi le débat n'est pas à cette endroit là. Je préfère la justice à la représentativité à tout prix.

Propos recueillis par Sylvie Chalaye
Paris, février 2000

Bibliographie

SUR L'IMAGE DU NOIR

BACHOLLET Raymond, DEBOST, J.B., LELIEUR, A.C., et PEYRIERE, M.C., *Négripub : l'image du Noir dans la publicité*, Somogy, Paris, 1994.

BADOU Gérard, *L'énigme de la Vénus Hottentote*, J.C. Lattès, Paris, 2000.

BANCEL Nicolas, BLANCHARD Pascal et GERVEREAU Laurent (S/D), *Images et colonies : Iconographie et propagande coloniale sur l'Afrique française de 1880 à 1962*, BDIC/ACHAC, Paris, 1993.

BANCEL Nicolas, BLANCHARD Pascal et DELABARRE Francis, *Images d'Empire 1930-1960*, Editions de la Martinière / Documentation française, Paris, 1997.

BANCEL Nicolas, BLANCHARD Pascal et LEMAIRE Sandrine (S/D), *Imaginaire colonial, figures de l'immigré*, dossier coordonné par l'ACHAC, in Hommes & Migrations, n° 1207, mai-juin 1997.

BANCEL Nicolas et BLANCHARD Pascal, *De l'indigène à l'immigré*, coll. "Découvertes", Gallimard, Paris, 1998.

BIBLIOTHEQUE FORNEY, *Négripub*, *Les Noirs dans la publicité depuis un siècle*, Catalogue d'exposition, Bibliothèque Forney, 1986.

BIONDI Carminella, "Le Héros noir dans le théâtre révolutionnaire", in *Images de l'Africain de l'Antiquité au XXe siècle*, Actes du colloque de l'Université libre de Bruxelles, sept. 1984, voir DROIXHE Daniel.

BLACHERE Jean-Claude, *Le Modèle nègre*, Aspects littéraires du mythe primitiviste au XXe siècle, NEA, Dakar/Abijan/Lomé, 1981.

BLANCHARD Pascal et CHATELIER Armelle, (S/D), *Images et colonies*, nature, discours et influence de l'iconographie coloniale liée à la représentation des Africains et de l'Afrique en France de 1920 aux indépendances, Actes du colloque organisé par l'ACHAC en janvier 1993, Syros/ACHAC, Paris, 1993.

BLANCHARD Pascal, BLANCHOIN Stéphane, BANCEL Nicolas, BOETSCH Gilles et GERBEAU Hubert, (S/D), *L'Autre et nous, "Scènes et types"*, ouvrage collectif, Syros/ACHAC, Paris, 1995.

BLANCHARD Pascal, voir aussi BANCEL Nicolas.

BORDET Daniel, "Banania, légendes et réalités", *Aladin*, Paris, septembre 1991.

CAMPION-VINCENT, Véronique, *Images du Dahomey, Un royaume africain vu par la presse française lors de sa conquête*, EPHE, Paris, 1965.

CHALAYE Sylvie, *Du Noir au nègre : l'image du Noir au théâtre de Marguerite de Navarre à Jean Genet (1550-1960)*, coll. "Images plurielles", L'Harmattan, Paris, 1998.

Idem (S/D), *Tirailleurs en images*, *Africultures*, n° 25, L'Harmattan, février 2000.

Idem (S/D), *Acteurs noirs*, *Africultures*, n° 27, L'Harmattan, avril 2000.

Idem, *Le Chevalier de Saint-Georges de Mélesville et Roger de Beauvoir*, coll. "Autrement mêmes", Paris, 2001.

CHARLES, Jean-Claude, *Le Corps noir*, Hachette, Paris, 1980.

CHATELIER, Armelle, voir BLANCHARD Pascal.

COHEN, William B., *Français et Africains* : *Les Noirs dans le regard des Blancs 1530-1880*, traduit de l'anglais, Gallimard, Paris, 1981.

COLLECTIF, *Images du Noir dans la littérature occidentale*, *Notre librairie*, n°90-91, 2 vol, 1987.

COLLECTIF, *Racisme continent obscur (Cliché, stéréotypes, fantasmes à propos des Noirs dans le Royaume de Belgique)*, préface de Jean-Pierre Jacquemin, CEC-Le Noir du Blanc / Wit over Zwart, Bruxelles, 1991.

COLLECTIF, *L'image de l'Autre*, *Africultures n°3*, L'Harmattan, décembre 1997.

COLLECTIF, *Etranges Etrangers, Photographie et exotisme 1850-1910*, Centre National de la Photographie, Paris, 1989.

DAGET Serge, "Les mots esclave, nègre, Noir, et les jugements de valeur sur la traite négrière dans la littérature abolitionniste française de 1770 à 1845", in *Revue française d'histoire d'outre-mer*, n° 221, 1973, p. 511-548.

DEBOST Jean-Barthélémi, voir BACHOLLET.

DELABARRE Francis, voir BANCEL Nicolas.

DELESSALLE Simone et VALENSI Lucette, "Le mot "nègre" dans les dictionnaires de l'Ancien Régime : Histoire et lexicographie", in *Langue Française*, n° 15, septembre 1972.

DE MEDEIROS François, *L'Occident et l'Afrique (XIIIe-XVe siècle)*, Karthala, Paris, 1985.

DERMENGHEN, Emile, "Le mythe du nègre", *Présence Africaine*, n° 2, janvier 1948.
DEVISSE, Jean, et MOLLAT Michel, *L'Image du Noir dans l'art occidental*, "Des premiers siècles chrétiens aux grandes découvertes", Bibliothèque des arts, Paris, 1979
DIALLO Massaer, voir NDJEHOYA Blaise.
DROIXHE Daniel, et KIEFER Klaus H. éds., *Images de l'Africain de l'Antiquité au XXe siècle*, Actes du Colloque de l'Université de Bruxelles, septembre1984, Verlag Peter Lang, Frankfurt, 1987.
DURAND-REVILLON Jeanine, voir LE NORMAND-ROMAIN.
FANON Frantz, *Peau noire, masques blancs*, Seuil, 1952.
FANOUDH-SIEFER Léon, *Le Mythe du nègre et de l'Afrique noire dans la littérature française de 1800 à la deuxième guerre mondiale*, NEA, Dakar/Abidjan/Lomé,1980,(1ère édition, 1968).
FISCHER Jean-Louis, *Races imagées et imaginaires*, Maspero, Paris, 1983.
GARRIGUES Jean, *Banania, histoire d'une passion française*, Du May, Paris, 1991.
GILMAN Margaret, *Othello en France*, Champion, Paris, 1925.
GONNARD René, *La Légende du bon sauvage*, Médicis, Paris, 1946.
HOFFMANN Léon-François, *Le Nègre romantique : personnage littéraire et obsession collective*, Payot, Paris, 1973.
HONOUR Hugh, *L'Image du Noir dans l'art occidental*, De la révolution américaine à la première guerre mondiale, Gallimard, Paris, 1989, 2 vol.
JOACHIM Sébastien, *Le Nègre dans le roman blanc*, Presses de l'Université de Montréal, 1980.
KIEFER K.H., voir DROIXHE Daniel.
KIMONI, Iyay, *Une image du Noir et de sa culture : Esquisse de l'évolution de l'idée du Noir dans les Lettres françaises du début du siècle à l'entre-deux-guerres*, Messeiller, Neuchâtel, s.d.
RIESZ Janos et SCHULTZ Joachim, *Tirailleurs sénégalais, présentations littéraires et figuratives de soldats africains au service de la France*, Nerlay/Peter Lang, Frankfurt, 1989.
LECLANT Jean, voir VERCOUTTER Jean.
LELIEUR, Anne-Claude, voir BACHOLLET.
LE NORMAND-ROMAIN Antoinette, ROQUEBERT Anne, DURAND-REVILLON Jeanine et SERENA Dominique, *La sculpture ethnographique, De la Vénus Hottentote à la Tehura de Gauguin*, Réunion des Musées Nationaux, Paris, 1994.
LEROY Eric, *Images du Rhum : l'histoire du rhum racontée à travers un siècle d'illustrations*, Gondwana Editions / Fondation Clément, 1996.

LITTLE Roger, *Between Totem and taboo : Black Man, White Woman in Francographic Literature*, University of Exeter Press, 2000.

Idem, *Nègres blancs : représentations de l'autre autre*, L'Harmattan, Paris, 1995.

MARTINKUS-ZEMP Ada, *Le Blanc et le Noir*, Essai d'une description de la vision du Noir par le Blanc dans la littérature française de l'entre-deux-guerres, A.G.Nizet, Paris, 1975.

MERCIER Roger, *L'Afrique noire dans la littérature française, les premières images XVIIe et XVIIIe siècles*, Université de Dakar, 1962.

Idem, "Les débuts de l'exotisme africain en France, *Revue de littérature comparée*, 1962, pp.191-209.

NDEHOJA Blaise et DIALLO Massaer, *Un regard noir*, coll. "Ciel ouvert", éd. Autrement, Paris, 1984.

NEGRONI François (DE), Afrique fantasmes, Plon, Paris, 1992.

PEYRIERE, Marie-Christine, voir BACHOLLET.

ROQUEBERT Anne, voir LE NORMAND-ROMAIN.

SCHULTZ Joachim, voir RIESZ Janos.

SERENA Dominique, voir LE NORMAND-ROMAIN.

VALENSI Lucette, voir DELESALLE.

OUVRAGES D'HISTOIRE

BABA KAKE Ibrahima, *Mémoire de l'Afrique : La diaspora noire*, ABC/NEA, Paris/Dakar/Abidjan, 1976.

BANGOU H., *La Révolution et l'esclavage à la Guadeloupe 1789-1802*, Messidor/Ed.Sociales, Paris, 1989.

BOUCHE Denise, *Histoire de la colonisation française*, tome 2 : *Flux et Reflux 1815-1962*, Fayard, Paris, 1991.

BRUNSCHWIG Henri, *L'Avènement de l'Afrique noire du XIXe siècle à nos jours*, Armand Colin, Paris, 1963.

Idem, *Mythes et réalités de l'impérialisme colonial français*, Armand Colin, Paris, 1960.

CESAIRE Aimé, *Toussaint-Louverture. La Révolution Française et le problème colonial*, Présence Africaine, Paris, rééd.,1976.

COLLECTIF, *Révolution Française et l'abolition de l'esclavage (La)*, Editions d'histoire sociale, Paris, 1968, 12 vol.

Idem, *Empires coloniaux (Les)*, Time-Life, coll. Histoire du Monde, Amsterdam, 1990.

Idem, *Voyages dans les îles*, Archives Nationales, Paris, 1992.

Idem, *Histoire de la France coloniale*, Armand Colin, Paris, 1992.

COQUERY-VIDROVITCH Catherine, S/D, *L'Afrique occidentale au temps des Français. Colonisation et colonisés 1860-1960*, La Découverte, Paris, 1992.

Idem et MONIOT Henri, *L'Afrique noire de 1800 à nos jours*, rééd, PUF, 1992.

CORNEVIN Robert, *Histoire de l'Afrique (1500-1900)*, Payot, Paris, 1966.

DAGET Serge et RENAULT François, *Les Traites négrières en Afrique*, Khartala, Paris, 1985.

Idem, *La Traite des Noirs*, Ouest-France, Rennes, 1990.

Idem, *La France et l'Abolition de la Traite des Noirs de 1814 à 1831*, Institut d'ethnologie, Paris, 1982.

DESCHAMPS Hubert, *Histoire de la traite des Noirs de l'Antiquité à nos jours*, Fayard, Paris, 1972.

DEVEAU Jean-Michel, *La France au temps des négriers*, France/Empire, Paris, 1994.

ESME Jean (d'), *Les Défricheurs d'Empire*, Ed. de France, Paris, 1936.

GASTON-MARTIN, *L'Abolition de l'esclavage (27 avril 1848)*, PUF, Paris, 1948.

GRIMAL H., *La Décolonisation 1919-1963*, Armand Colin, Paris, 1965.

HUGON Anne, *L'Afrique des explorateurs*, Gallimard, Paris, 1991.

KI-ZERBO Joseph, *Histoire de l'Afrique noire*, Hatier, Paris, 1972.

MATHOREZ J., *Les Etrangers en France sous l'Ancien Régime*, Champion, Paris, 1919, 2 vol.

MEYER Jean, *Esclaves et négriers*, Gallimard, 1986.

MONIOT Henri, voir COQUERY-VIDROVITCH.

PLUCHON Pierre, *Nègres et Juifs au XVIIIe siècle, le racisme au siècle des Lumières*, Tallandier, Paris 1984.

Idem, *Toussaint-Louverture*, fils noir de la Révolution Française, Ecole des Loisirs, Paris, 1980.

Idem, *La Route des esclaves, négriers et bois d'ébène au XVIIIe siècle*, Hachette, Paris, 1980.

Idem, *Histoire de la colonisation française*, tome 1 : *Le Premier Empire colonial, des origines à la Restauration*, Fayard, Paris, 1991.

SALA-MOLINS Louis, *Le Code Noir ou le calvaire de Canaan*, Puf, Paris, 1987.

SCHNAKENBOURG C., *Histoire de l'industrie sucrière en Guadeloupe au XIXe siècle*, tome 1 : *La crise du système esclavagiste*, L'Harmattan, Paris, 1980.

ART, THEATRE ET LITTERATURE

ALASSEUR Claude, *La Comédie-Française au XVIII siècle, étude économique*, Mouton, Paris, 1967.

ALBERT M., *Les Théâtres des boulevards*, 1789-1848, rééd., Slatkine, Genève, 1969.

ANTOINE R., *Littérature franco-antillaise*, Karthala, Paris, 1992.

BATY Gaston et CHAVANCE René, *Vie de l'art théâtral des origines à nos jours*, Plon, Paris, 1932.

BATY Gaston, *Le Masque et l'encensoir*, Bloud et Gay, Paris, 1926.

BAUR Peter, *Les Théâtres de Paris*, Lukianos Verlag, Berne, 1972.

BEHAR Henri, *Le Théâtre Dada et surréaliste*, coll. Idées, Gallimard, Paris, 1979.

BLANC Olivier, *Olympe de Gouges*, Syros, Paris, 1981.

BLANCHARD Paul, *Firmin Gémier*, L'Arche, Paris, 1954.

BONHOTE Nicolas, *Marivaux ou les machines de l'Opéra*, L'Age d'homme, Paris, 1974.

CARLSON M., *Le Théâtre de la Révolution Française*, Gallimard, Paris, 1970.

CHALAYE Sylvie, *La Dispute de Marivaux*, coll. "Parcours de lecture", éd. Bertrand-Lacoste, Paris, 1992.

CHEVRIER Jacques, *Littérature nègre*, Armand Colin, Paris, 1974.

CLAVAL Florence, voir LATOUR Geneviève.

CORVIN, Michel, *Le Théâtre de boulevard*, PUF, Paris, 1989.

DELOFFRE Frédéric, *Une préciosité nouvelle : Marivaux et le Marivaudage*, rééd, Armand Colin, Paris, 1976.

DESCOTES Maurice, *Le Drame romantique et ses grands créateurs (1827-1839)*, PUF, Paris, 1955.

DESHOULIERES Christophe, *Le Théâtre au XXe siècle*, Bordas, Paris, 1989.

DORT Bernard, *Genet ou le combat avec le théâtre*, Seuil, Paris, 1971.

DUBECH Lucien, *Histoire générale et illustrée du théâtre*, Librairie de France, Paris, 1932, 5 vol.

DUMUR Guy, "Jean Genet, Parabole et Parodie", *Cahiers d'Art du théâtre et du cinéma*, n°1, pp.75-78.

EVANS David-Owen, *Le Drame moderne à l'époque romantique, 1827-1850*, Brudry, Paris, 1923.

FEDERMAN Raymond, "Jean Genet ou le théâtre de la haine", *Esprit*, n°4, avril 1970.

GALEY Mathieu, "Genet, le dernier lyrique français", in Théâtre de l'Europe, n°1, janvier 1984, pp.63-65.

GASCAR Pierre, *Le Boulevard du crime*, Hachette/Massin, Paris, 1980.

GAUTIER T., *Histoire dramatique en France depuis vingt-cinq ans*, Hetzel, Paris, 1858-1859, 6 vol.

JOMARON Jacqueline, S/D, *Le Théâtre en France*, Armand Colin, Paris, 1989, 2 vol.

JOURDA Pierre, *L'Exotisme dans la littérature française depuis Chateaubriand*, PUF, Montpellier, 1956.

KESTELOOT Lilyan, *Anthologie négro-africaine : panorama critique des poètes, romanciers et dramaturges noirs*, Edicef, 1993.

KRAKOVITCH Odile, *Les Pièces de théâtre soumises à la censure 1800-1830*, Archives Nationales, Paris, 1982.

LATOUR et CLAVAL Florence, *Les Théâtres de Paris*, Bibliothèque de la Ville de Paris/Association de la régie théâtrale, Paris, 1991.

LAVALLIERE, *Bibliothèque du théâtre français depuis ses origines*, Michel Groelle, Dresde, 1768, 2 tomes.

LEBEL Roland, *Histoire de la littérature coloniale en France*, Larose, Paris, 1931.

Idem, *L'Afrique occidentale dans la littérature française depuis 1870*, Larose, Paris, 1925.

LEIRIS Michel, "Crise nègre dans le monde occidental", *Afrique noire, la création esthétique*, Gallimard, Paris, 1967, pp.1-30.

LINTILHAC E., *Histoire générale du théâtre en France*, Hachette, Paris, 1911.

LITTLE Roger (présentation et étude de), *Ourika de Madame de Duras*, nouvelle édition revue et augmentée, University of Exeter Press, 1998.

MEUNIER Claude, *Ring noir. Quand Apollinaire, Cendrars et Picabia découvrent les boxeurs nègres*, Plon, Paris, 1992.

MIRECOURT E. de, *Frédérick-Lemaître*, Havard, Paris, 1855.

MOURALIS Bernard, *L'Europe, l'Afrique, la folie*, Présence Africaine, Paris, 1994.

MURCH Anne C., "Je mime donc je suis : les Nègres de Jean Genet", *Revue des sciences humaines*, tome XXXVIII, n°150, Avril-Juin 1973, pp.248-259.

NOEL ET STOULLIG, *Annales du théâtre et de la musique*, Paris, 1915.

PAVIS Patrice, *Marivaux à l'épreuve de la scène*, Publications de la Sorbonne, Paris, 1986.

PLASSARD Didier, *L'Acteur en effigie*, L'âge d'homme, coll. "Théâtre années 20", Genève, 1992.

PLUNKETT Jacques de, *Fantômes et souvenir de la Porte Saint-Martin*, Ariane, Paris, 1946.

PRZYBOS Julia, *L'Entreprise mélodramatique*, José Corti, Paris, 1974.
ROUGEMONT Martine de, *La vie théâtrale en France au XVIIIe siècle*, Champion/Slatkine, Genève, 1988.
RUBIN William, *Le Primitivisme dans l'art du XXe siècle, Les Artistes modernes devant l'art tribal*, Flammarion, Paris 1991.
STOULLIG, voir NOEL.
Théâtres de Paris pendant la Révolution Française (Les), catalogue de l'exposition, B.H.V.P. Paris, 1985.
THOMASSEAU Jean-Marie, *Le Mélodrame*, PUF, Paris, 1984.
THORNTON Lynne, *Les Africanistes : peintres voyageurs, 1860-1960*, A.C.R.,Paris, 1990.
TISSIER André, *Les Spectacles à Paris pendant la Révolution : Répertoire analytique, chronologique et bibliographique*, de la Réunion des Etats Généraux à la chute de la Royauté (1789-1792), Genève, 1992.
TROTT David, *Théâtre du XVIIIe siècle / Jeux, écritures, regards*, "Essai sur les spectacles en France de 1700 à 1790", éd. Espaces 34, Montpellier, 2000.
TZARA Tristan, "Notes sur l'art nègre", *Sept manifestes Dada, Lampisteries*, Paris, J.J.Pauvert, 1963.
WELSHINGER H., *Le Théâtre de la Révolution, 1789-1799*, Charavay, Paris, 1881.

ELEMENTS D'ANTHROPOLOGIE

BOISSEL Jean, *Victor Courtet (1813-1867) : premier théoricien de la hiérarchie des races*, Paris, 1972.
CONDORCET Jean, *Réflexions sur l'esclavage des nègres*, in *Œuvres*, Didot, Paris, 1847, vol. VII, pp.60-140, (1ère éd., 1781.).
DUCHET Michèle, *Anthropologie et histoire au siècle des Lumières*, Flammarion, 1977.
ETERSTEIN Claude, *Le Bon Sauvage*, Gallimard, 1993.
GOBINEAU, *Essai sur l'inégalité des races humaines*, Paris, 1853.
GOUGES Olympes, "Réflexions sur les hommes nègres", in *Œuvres...*, Cailleau, Paris, 1788, vol.III, pp.92-99.
KRISTEVA Julia, *Etrangers à nous mêmes*, Fayard, 1988.
LEVI-STRAUSS Claude, *Race et Histoire*, Unesco, 1952.
MEMMI Albert, *Le Racisme*, Gallimard, Paris, 1982.
Idem, *Portrait du colonisé*, Payot, Paris, 1973.
MONTESQUIEU, *De l'esprit des lois*, Barrillot et fils, Genève, 1748.

PREVOST Abbé, "Si l'on peut supposer une femme blanche amoureuse d'un noir", in *Le Pour et contre*, Didot, Paris, 1738, vol.XIV, pp 66-67.

RAYNAL Abbé, *Histoire philosophique et politique des établissements et du commerce des Européens dans les deux Indes*, J.L.Pellet, Genève, 1781, 10 vol., (1ère éd., 1770).

SCHOELCHER Victor, "Des Noirs", *Revue de Paris*, vol.30, 1830, pp.71-83.

VOLTAIRE François-Marie, *Dictionnaire philosophique*, Garnier, Paris, 1967, (1ère éd., 1764).

Idem, *Essai sur les mœurs*, Garnier, Paris, 1963, 2 vol., (1ère éd., 1756).

SUR LA SOCIETE FRANCAISE

ARGERON Charles Robert, "les Colonies devant l'opinion publique", *Cahiers de l'Institut de l'Histoire de la Presse Française*, n°1, Tours, 1972.

BACHOLLET Raymond, "Humour blanc, humour noir", *Le Collectionneur français*, n°242-243, Paris, 1987.

BIONDI Carminella, *Mon frère tu es mon esclave !, Teorie schiaviste e dibattiti antropologico-razziali nel Settecento francese*, Goliardica, Pisa, 1973.

idem, *Ces esclaves sont des hommes, Lotta abolizionista e letteratura negrofila nella Francia del Settecento*, Goliardica, Pisa, 1979.

COLLECTIF, *L'esclavage aboli ?, Africultures*, n° 6, mars 1998.

COOPER Anna, *L'Attitude de la France à l'égard de l'esclavage pendant la Révolution*, Imp. de la cour d'appel, Paris, 1925.

COUSTURIER Lucie, *Des inconnus chez moi*, présentation de Roger Little, coll. "Autrement même", L'Harmattan, Paris, 2001.

DELACROIX Jacques-Vincent, *Peinture des mœurs du siècle*, Lejay, Paris, 1777, 2 vol.

DUBY G. et MANDROU R., (S/D), *Histoire de la civilisation française*, Armand Colin, Paris, 1984, 2 vol.

LEQUIN Y, *Histoire des Français*, tome 2 : *La Société*, Armand Colin, Paris, 1983.

LUCAS E., *La littérature anti-esclavagiste au XIXe siècle : Etude sur Madame Beecher Stowe et son influence en France*, Paris, 1930.

MANDROU R, voir DUBY.

MEMMI Albert (en collaboration avec), *Les Français et le racisme*, Payot, Paris, 1965.

MERCIER Louis-Sébastien, "Petits nègres", in *Tableau de Paris*, Amsterdam, 1783, vol.VI, pp.290-291.
N'DJEHOYA Blaise, *Le nègre Potemkine*, roman, Lieu commun, Paris, 1988.
REMOND René, *Les Etats-Unis devant l'opinion française 1815-1852*, Armand Colin, Paris, 1962, 2 vol.
SEEBER Edward, *Anti-Slavery Opinion in France during the second Half of Eighteenth Century*, The Johns Hopkins Press, Baltimore, 1937.
TODOROV Tzvetan, *Nous et les autres. La réflexion française sur la diversité humaine*, Seuil, Paris, 1989.
SORLIN P., *La Société Française*, Arthaud, Paris, 1971, 2 vol.
VINCENT G., *Les Français*, Masson, Paris, 1977, 2 vol.

EXPOSITIONS

Les Noirs, Têtes d'affiches, Nanterre, 1985.
Das Exotische Plakat-Exotische Welten, Europaïsche Phantasien, Galerie de la ville de Stuttgart, 1987.
Négripub, l'image des Noirs dans la publicité depuis un siècle, Bibliothèque Forney, Paris, 1987.
White on Black, Images of Blacks in Western Popular Culture ; Royal Tropical Institut, Amsterdam, 1989.
Le Noir du Blanc, Racisme, continent obscur (clichés, stéréotypes, fantasmes à propos du Noir), Bruxelles, 1991. Reprise à Bruxelles en 2001.

Table des matières

680766 - Octobre 2016
Achevé d'imprimer par